RICARDO APARECIDO DE ARAÚJO

# SINDICALISMO E REFORMA TRABALHISTA:

## AJUSTAR PARA LEGITIMAR

RICARDO APARECIDO DE ARAÚJO

# SINDICALISMO E REFORMA TRABALHISTA:
## AJUSTAR PARA LEGITIMAR

Del Rey
editora

Belo Horizonte
2019

Impresso no Brasil | Printed in Brazil
EDITORIAL DEL REY LTDA

www.editoradelrey.com.br

**Editor:** Arnaldo Oliveira

**Editor Adjunto:** Ricardo A. Malheiros Fiuza

**Diagramação / Capa:** Alfstudio

**Revisão:** Maria Elizabete de Sousa

EDITORA
Rua dos Goitacazes, 71 – Lojas 20 a 24
Centro - Belo Horizonte-MG
CEP 30190-909

Comercial:
Tel.: (31) 3284-3284 | 3293-8233
vendas@editoradelrey.com.br

Editorial:
editorial@editoradelrey.com.br



A663s

Araújo, Ricardo Aparecido de
Sindicalismo e reforma trabalhista: ajustar para legitimar / Ricardo Aparecido de Araújo. – Belo Horizonte: Del Rey, 2019.
xvi, 150 p. — Inclui bibliografia.

ISBN: 978-85-384-0557-3

1. Sindicalismo – Brasil 2. Direito do trabalho – legislação – Brasil 3. Justiça do trabalho – Brasil I. Título

CDU 331.88(81)

Ficha catalográfica elaborada pela bibliotecária Meire Luciane Lorena Queiroz CRB 6/2233.

*Aos meus pais, José e Maria, por me ensinarem o que nenhuma faculdade ensina.*
*À minha avó Efigênia por todo amor.*
*A eles devo todas as conquistas da minha vida.*

# Prefácio

Quando comecei a escrever este prefácio atuava, coincidentemente, em mais uma negociação coletiva, passando por todos os seus percalços até a esperada celebração da norma coletiva. O que foi mais curioso era a semelhança do tema da presente obra com a realidade.

De todas as negociações e tratativas que já tive a oportunidade de participar, seja amigavelmente ou por intermédio de Dissídio Coletivo, essa certamente teve um elemento que fez toda a diferença no resultado que foi a representatividade do Sindicato.

A Reforma Trabalhista foi muito além de alterar o sistema do custeio sindical e trouxe em seu bojo a evidência de que o Direito Coletivo brasileiro está em crise, de que o modelo pátrio adotado não corresponde mais às relações sindicais atuais, de que não atende mais à defesa da sua categoria e, aqui, não há como garantir a defesa dos direitos de seus associados sem uma atuação efetiva com representatividade.

Diante do cenário real exposto, torna-se evidente que a disponibilização e aprofundamento dos operadores de Direito da presente obra mostra-se não somente muito oportuna, mas também extremamente relevante e fiel a crise de representatividade enfrentada pelos Sindicatos. O autor, Professor e Mestre Ricardo Aparecido de Araujo, retrata e compartilha com propriedade que o Direito Coletivo brasileiro clama por reestruturação, por maior efetividade nas ações do Sindicato.

Com a leitura da obra, apresentada de forma clara e didática, é possível observar que os princípios da Unicidade e Liberdade Sindical estão em conflito, que a forma de criação do Sindicato, bem como de seu custeio alinhado com o modo engessado de enquadramento sindical não correspondem mais à nossa realidade e tampouco conseguem ofertar ao modelo sindical ferramentas necessárias para solução da crise de representatividade.

Ao contrário do que se imagina e como bem expõe o autor ao longo de toda obra, não são simples alterações legislativas na forma de custeio do Sindicato que solucionarão, por si, a crise de representatividade. O modelo sindical na sua integralidade está doente, carrega o escorço histórico de que se trata mais de um instrumento de corrupção e político (vinculado ao controle do Estado), do que para efetiva representatividade à classe que se defende.

Se o Direito Coletivo é falho na sua origem, sendo conflitante com o modelo aplicado e adotado nos demais Países e em total divergência com a própria Convenção 87 da Organização Internacional do Trabalho, é evidente que a alteração desse sistema adotado não pode ocorrer de forma superficial, retirando apenas a obrigatoriedade do financiamento das entidades sindicais.

Como bem apontado pelo autor, sem maiores redundâncias, a crise do modelo sindical brasileiro reside na intervenção do Estado, na necessidade de submeter a criação do Sindicato ao crivo do Órgão Competente. O sistema atual urge pela necessidade de quebra desse vínculo com o Estado, mas também com a política e com a igreja. A recuperação da representatividade efetiva do Sindicato e da confiança dos seus sindicalizados dependem de uma nova compreensão do Princípio da Liberdade Sindical, sobretudo na formatação de um novo sistema desprendido da unicidade sindical.

Nesse sentido, e diante de todo cenário que se desenha ao nosso Direito Coletivo, concordo com o autor na necessidade de reestruturação do modelo, que tenha por objetivo real a recuperação da identidade dos Sindicatos, em especial que garanta a representatividade efetiva.

Honrada pelo convite para escrever a página de abertura desta importante obra, que fornece aos operadores do Direito e interessados pelo assunto, o retrato amplo da crise do Direito Coletivo brasileiro e expõe as medidas de recuperação e reestruturação, cumprindo inteiramente a sua missão da forma mais íntegra e clara.

*Rafaela Sionek*

Advogada Trabalhista atuante no Direito Coletivo, bem como no consultivo e preventivo trabalhista, com *Compliance* Trabalhista.

Pós-Graduada pela EMATRA – PR (9ª Região).

Membro da Comissão de Direito do Trabalho da ABA-PR.

Membro da Comissão de Direito do Trabalho da OAB-PR.

# Apresentação

Ricardo Araújo foi meu aluno, inicialmente, na Faculdade de Direito de Conselheiro Lafaiete, em 2005, na disciplina Teoria Geral do Estado. Naquele momento, eu não imaginava que, poucos anos depois, estaria diante de uma obra jurídica, escrita pelo então discente. Um pouco adiante, em 2017, Ricardo retornou à faculdade na condição de professor. Tornamo-nos "colegas de trabalho". Já na posição de diretor da instituição, pude, então, comprovar o amadurecimento daquele jovem, que já sedimentava uma carreira acadêmica alvissareira. Agora, em 2019, novamente nos encontramos, mas, em outro patamar. Ricardo Araújo, na condição de escritor, e eu, no papel de leitor. Se, há poucos anos, tinha, diante de mim, um estudante promissor, atualmente, posso dizer, sem ressalvas, que o Direito adquiriu um professor, pesquisador e autor competente, que apresenta à comunidade acadêmica seu primeiro livro, "Sindicalismo e Reforma". Trata-se de uma obra necessária, que muito contribui para os estudos jurídicos, evidenciando o desenvolvimento do sindicalismo, desde sua origem, até os dias atuais, em várias de suas nuances. Com essa publicação, ganha o Direito, com uma referência bibliográfica essencial; ganha a sociedade, com o fomento de um debate que se faz indispensável na contemporaneidade, e, particularmente, ganho eu, pela satisfação em ver que o aluno de anos atrás tornou-se um profissional de excelência.

*Prof. Ms. Cirley José Henriques*

Diretor Geral da Faculdade de Direito de Conselheiro Lafaiete.

# Sumário

# 1
# INTRODUÇÃO

O presente livro apresenta um estudo sobre o Direito Coletivo do Trabalho, especialmente sobre a crise de representatividade que o Direito Sindical brasileiro vem enfrentando. Serão abordados alguns dos principais temas que norteiam o universo sindical brasileiro na atualidade com uma visão sistêmica e crítica a fim de demonstrar um pouco da problemática e das pretensões do sindicalismo praticado no Brasil.

Não é intuito desta obra exaurir a discussão que existe em torno do sindicalismo pátrio, mas demonstrar, de forma objetiva, alguns fatores que podem ser considerados responsáveis pela crise de representatividade que prejudica o sindicalismo nacional, sobretudo aqueles decorrentes da manutenção de preceitos corporativistas na Constituição de 1988. A presente pesquisa dedica-se também a apresentar as principais bases da estrutura sindical, tecendo críticas pontuais ao atual modelo sindical brasileiro.

O modelo sindical brasileiro é bastante peculiar, haja vista que não pode ser enquadrado com facilidade entre os existentes em outros países. Sob uma análise constitucional, o modelo sindical brasileiro pode ser considerado incoerente, porque abrange princípios próprios de um sistema baseado na liberdade sindical, mas mantém disposições partidárias de um modelo controlado pelo Estado, do tipo corporativista.

O objetivo do presente estudo é demonstrar a necessidade de ajuste do modelo sindical brasileiro a fim de que ele se torne efetivamente representativo. Como objetivos específicos estabelecidos estão: (1) analisar e comparar o modelo sindical brasileiro aos adotados em outros períodos históricos e em outros ordenamentos jurídicos; (2) conceituar e discutir as bases da estrutura sindical bem como os fatores atuais que abrangem os sindicatos no Brasil; (3) abordar o direito fundamental da liberdade sindical, que será contextualizado dentro de cada assunto especificamente.

A obra apresenta-se dividida em cinco capítulos, com a seguinte estrutura: a introdução será responsável pela caracterização do estudo, com a delimitação do assunto tratado, a justificativa da sua escolha, os objetivos da pesquisa e outros elementos necessários para situar o tema. No segundo capítulo, realiza-se o repasse histórico do Direito Sindical. Para isso, será apresentada a origem dos sindicatos no Brasil e no mundo com enfoque contextual no sindicalismo brasileiro. Trata-se ainda, de forma sucinta, algumas concepções do sindicalismo que vigoraram ao longo do tempo com o objetivo de demonstrar a diversidade de ideologias propostas no decorrer do período de formação do sistema sindical pelo mundo.

Também se abordará o sindicalismo brasileiro a partir da Constituição de 1988, visto que a referida Carta Magna é responsável pela efetivação do Direito do Trabalho no Brasil, principalmente no que concerne à democracia sindical. Nesse diapasão, apresentam-se as intervenções realizadas no direito sindical pela Reforma Trabalhista que entrou em vigor em novembro de 2017. Por fim, realiza-se um breve e pontual estudo do Direito Sindical comparado, contemplando os modelos sindicais de alguns países a fim de traçar um paradigma para a organização sindical brasileira.

No terceiro capítulo propõe-se uma abordagem dos Princípios Fundamentais Coletivos do Trabalho. O Direito Coletivo do Trabalho, apesar de não ser um ramo autônomo do Direito, apresenta princípios básicos que norteiam sua base estrutural. De tal modo, serão tratados os princípios específicos do Direito Coletivo do Trabalho, com destaque para seus princípios fundamentais, que compreendem a liberdade sindical, a autonomia privada coletiva e a greve.

Ao abordar os princípios fundamentais, primeiramente se analisa o instituto da liberdade sindical, que é considerado um direito fundamental da pessoa humana, responsável por apoiar a democracia nas instituições. Em seguida, o princípio da autonomia privada coletiva restará estudado enfatizando a supremacia do poder atribuído aos particulares para criação de normas jurídicas. Por fim, examina-se a greve. Para isso apresenta-se, de forma sucinta, a origem do movimento grevista, bem como seu conceito e natureza jurídica de direito fundamental. Serão tratados ainda os objetivos e limites da greve, além do procedimento legal para sua instauração.

No quarto capítulo, tem-se um estudo objetivo sobre a disposição dos sindicatos no Brasil, priorizando o entendimento doutrinário e jurisprudencial que permeia o assunto na atualidade. Num primeiro momento, aborda-se o conceito, a natureza jurídica e as formas de constituição das entidades sindicais. Em seguida, o sistema confederativo sindical também restará analisado, principalmente no que se refere ao sindicalismo de cúpula, destacando-se a atuação das Centrais Sindicais e todas as polêmicas que as circundam.

Ainda no quarto capítulo serão estudadas a imunidade e a inamovibilidade do dirigente sindical, visto que devido à sua atuação, por vezes conflituosa, o dirigente sindical pode sofrer retaliações que venham a afetar seu vínculo trabalhista, bem como sua representatividade. Por esses motivos, é garantida aos representantes dos empregados a estabilidade no emprego contra atos antissindicais. Por fim, examina-se o poder normativo na Justiça do Trabalho, que acontece basicamente quando se confere à Justiça do Trabalho o poder para decidir, interpretar ou modificar normas, em matéria de dissídios coletivos por meio da sentença normativa.

No quinto capítulo serão expostas algumas contradições do modelo sindical brasileiro e as dificuldades encontradas para sua superação. O capítulo destaca os objetos principais deste trabalho, principalmente ao confrontar a democracia com a tríade que cerca esta pesquisa, qual seja: o corporativismo, a liberdade e a representatividade sindical. Assim, o capítulo aborda a necessidade de ajuste do modelo sindical brasileiro a fim de torná-lo efetivamente representativo, a fim de legitimá-lo.

Analisa-se, primeiramente, a falta de representatividade efetiva no modelo sindical brasileiro. Essa representatividade está diretamente ligada à ideia de democracia. O modelo sindical brasileiro passa por uma crise de representatividade o que nos remete à necessidade de mudanças na estrutura das relações coletivas de trabalho a fim de torná-lo genuinamente democrático. Assim, apresenta-se casos práticos em que a representatividade sindical é questionada, principalmente no que diz respeito ao financiamento sindical compulsório que vigorou por oito décadas no Brasil e o continuísmo exercido pelos dirigentes nos sindicatos.

Em seguida, aborda-se o enquadramento obrigatório por categoria e se enfatiza que, no paralelismo simétrico, o enquadramento sindical do empregado é feito obrigatoriamente por oposição ao sindicato da categoria econômica respectiva e que por esse motivo, não prevalece a liberdade de filiação no sindicalismo brasileiro. Na sequência, trata-se temas de suma importância no sindicalismo, visto que para grande parte dos estudiosos do Direito Sindical, a unicidade sindical é um dos grandes responsáveis pelo retrocesso do sindicalismo nacional. De tal modo, restarão analisados os modelos de pluralidade e unicidade sindical sob um aspecto conceitual e comparativo.

O estudo prosseguirá com uma abordagem apurada sobre as principais modalidades de financiamento sindical no Brasil confrontando-as com os fundamentos da liberdade sindical. Será demonstrado o entendimento doutrinário e jurisprudencial atualizado acerca da matéria. Propõe-se nesse tópico, enfatizar que a compulsoriedade das contribuições sindicais se mostrava antidemocrática, haja vista que prejudicava a essência do sindicalismo e atentava contra a liberdade sindical, já que cerceava a liberdade de trabalhadores e empregadores ao não recompensar a melhor representação.

Finalizando, avalia-se as negociações coletivas e seu grau de representatividade no ordenamento jurídico brasileiro. Para isso, serão apresentados o seu conceito e natureza jurídica, sua função e aplicação. Serão abordados também os instrumentos responsáveis por concretizar a negociação coletiva, que são o acordo coletivo de trabalho e a convenção coletiva de trabalho. Os limites das negociações coletivas também serão mencionados. Por fim, em tópico específico, será abordada a questão da negociação coletiva quando nos pautamos num sistema que não é efetivamente representativo.

Nas considerações finais, apresenta-se as conclusões acerca das argumentações e discussões aqui destacadas.

Como metodologia aplicada à pesquisa, utilizou-se o método indutivo, já que os métodos de procedimento foram o histórico, o comparativo e o monográfico. Quanto à interpretação, privilegiou-se os métodos sistemáticos de interpretação. Em relação à técnica, foi utilizada a pesquisa bibliográfica, jurisprudencial e documental.

# 2
# ORIGEM DO SINDICALISMO

## 2.1 Origem do sindicalismo no mundo

Buscando apresentar as relações sindicais de forma efetiva, oportuno voltar às origens do sistema com o intuito de analisar as relações sindicais desde sua origem até os modelos atuais. O sindicalismo é a "manifestação do espírito associativo do homem". Nessas palavras, Russomano evidencia que o homem é por natureza um ser essencialmente coletivo, nascido para viver em comunidade:

> O vigor da associação, sua força reivindicatória, sua capacidade de impulso, suas perspectivas de sobrevivência sempre hão de depender da solidariedade entre seus componentes, tanto mais firme, quanto mais fortes os laços dos interesses que formam a comunidade. (RUSSOMANO, 1997, p. 02)

Entre os povos mais antigos, os homens já se agrupavam a fim de defender seus interesses, espirituais ou materiais, individuais ou gregários, buscando aperfeiçoar alguma qualificação pessoal e proteger sua personalidade da natureza inóspita e contra agressões geradas pelo próprio grupo. O Direito Coletivo do trabalho também sempre teve como base a cooperação e a união entre seus membros.

Evaristo de Moraes Filho e Antônio Carlos Flores de Moraes destacam que os egípcios, assírios, babilônios, gregos e romanos, todos anteriores à Era Cristã, se agrupavam com o objetivo de ter mais força e coesão na busca de *status* mais elevado, econômica e socialmente (MORAES; MORAES FILHO, 2003, p. 627).

Com a queda do regime escravocrata e posterior implantação do feudalismo, que de certa forma representava algumas melhorias no trabalho, mas que nem de longe equiparava empregados e senhores, o poder foi centralizado e as cidades se viram obrigadas a se organizarem politicamente.

Surgiram na Idade Média, a partir do século XII, as corporações de ofício, sob o controle direto dos mestres, isto é, dos proprietários e dos patrões, que tinham a finalidade de buscar o monopólio da profissão de determinada localidade e consistiam em associações que visavam regulamentar o processo produtivo artesanal nas cidades que possuíam uma quantidade significativa de habitantes.

As corporações de ofício se instituíam como associações de pessoas qualificadas que trabalhavam em uma determinada função, e que se uniam em corporações, com a finalidade de se defenderem e de negociarem de forma mais eficaz. Um indivíduo só podia trabalhar em um determinado ofício, e não era permitido ao trabalhador fazer parte de duas corporações, mesmo que em cidades distintas. Se esses costumes fossem desobedecidos, havia o risco de saída forçada da cidade. Cada corporação agrupava um determinado ramo de trabalho, por isso era chamada de corporação de ofício.

As corporações de ofício eram unidades de produção marcadas pela classificação tripartite de seus membros (mestres, companheiros e aprendizes). Os mestres eram os proprietários do estabelecimento, ou seja, os empregadores responsáveis pela gestão e contratação dos candidatos. Os companheiros ou auxiliares eram prestadores de serviço já efetivados no cargo, enquanto os aprendizes eram os menores vinculados ao emprego mediante contrato de aprendizagem e tinham como meta se tornar trabalhadores efetivos (PEGO, 2012, p. 23).

As corporações não compreendiam grandes montas de trabalhadores da época, além disso, privilegiavam a figura dos mestres, o que gerava bastante descontentamento entre os demais trabalhadores, haja vista que era muito difícil que um companheiro se tornasse mestre devido aos custos elevados para se adquirir os meios de produção (PEGO, 2012, p. 24).

Diante disso, Russomano (1997) menciona em sua obra que Rénard usou a frase que se tornou célebre, porque fazia, inclusive, conotações evidentes entre o espírito medieval e aquilo a que se reduziram as corporações:

a corporação era uma espécie de castelo feudal. Protegia, mas, ao mesmo tempo, aprisionava aqueles que se encontravam dentro de seus muros (RUSSOMANO, 1997, p. 13).

Com o aumento sistemático dos conflitos, os companheiros organizaram-se em associações próprias na busca de interesses comuns em oposição aos mestres. Em síntese, pode-se dizer que a figura do sindicato como vemos nos dias de hoje começa a tomar forma, pois de um lado havia os mestres resistindo de forma imperiosa à força que os trabalhadores, que de maneira mais organizada, começavam a demonstrar na busca pelo reconhecimento de direitos.

O fim do feudalismo marcou a substituição da economia agrária pela economia urbana, que era essencialmente artesanal. Em substituição à produção artesanal que teve seu fim decretado em meio aos anseios da Revolução Francesa, especificamente com a Lei *Le Chapelier*, de 1791, que vislumbrava a eliminação das corporações de ofício e impedia o desenvolvimento dos sindicatos alegando ter por finalidade garantir a liberdade de comércio e do trabalho, surge a economia industrial.

No que diz respeito ao trabalhador, a Revolução Francesa trazia uma ideia de liberdade, mas efetivamente isso não trouxe tantos benefícios à classe trabalhadora, já que a burguesia havia se consolidado no poder substituindo a nobreza, e consequentemente as mudanças não foram significativas. A Revolução Francesa foi um importante marco na História da nossa civilização porque significou o fim do sistema absolutista e dos privilégios da nobreza. As bases de uma sociedade burguesa e capitalista foram estabelecidas durante a Revolução.

Ao analisar a obra de Russomano (1997), percebe-se que existem três possibilidades que apontam para o início do sindicalismo no mundo. A primeira suposição é a de que os sindicatos foram criados a partir das corporações medievais. Essa consideração não parece plausível, pois as corporações se tratavam de associações que abarcavam os produtores, portanto, de cunho patronal somente. Dessa forma não considerava o sindicato dos operários, que é sem sombra de dúvidas a base do sindicalismo. Além do mais, nas corporações existiam planos hierárquicos bastante definidos, enquanto que nas entidades sindicais o movimento é bilateral, não há nenhum tipo de submissão, isto é, visa o embate entre empregados e empregadores no mesmo nível hierárquico (RUSSOMANO, 1997, p. 15).

A segunda hipótese apontada pelo autor sobre o surgimento do sindicalismo considera o fim das corporações. Com a insatisfação interna de aprendizes e companheiros, além da forte pressão desencadeada pelo início da produção industrial houve a cisão em duas classes que compreendiam os produtores e do outro lado os trabalhadores. Essa tese parece aceitável, principalmente quando nos vemos pela primeira vez diante de um embate entre classes profissionais e patronais, mas ainda sim existem pressupostos que ainda tornam difícil sua aceitação plena. Há que se mencionar que os companheiros, apesar de serem trabalhadores propriamente ditos, não lutavam por direitos enquanto trabalhadores, ou seja, eles lutavam para possuir os mesmos privilégios dos produtores. Os companheiros não queriam melhores condições de trabalho, eles queriam o direito de se tornar produtores (RUSSOMANO, 1997, p. 15).

A terceira possibilidade que pode apontar o nascimento do sindicalismo vem com a Lei *Le Chapelier* de 1791. Mas reduzir o início do sindicalismo a um mero fato legislativo não parece plausível, pois o fenômeno sindical é resultado do aperfeiçoamento ao longo do tempo e compreende uma complexa realidade social, política, econômica e ideológica. Analisando cronologicamente, temos que ao se fecharem as portas das corporações, já começavam a se abrir as portas dos sindicatos. Dessa forma, pode-se concluir que o surgimento do sindicalismo no mundo vem de um processo histórico que sempre primou pela valorização do homem enquanto pessoa e de seus direitos inerentes à personalidade (RUSSOMANO, 1997, p. 16).

Oportuno lembrar a lição de Gino Giugni ao tratar da origem do sindicalismo:

> O movimento sindical, desde suas origens profundamente radicadas no interior do processo de revolução industrial, teve entre seus fins primários, conexos à sua própria razão de existir, o de obter dos empresários o mínimo de tutela econômica e normativa da condição de vida e de trabalho dos operários e outros trabalhadores subordinados. (GIUGNI, 1991, p. 97)

Fundamentalmente, a origem do sindicalismo está ligada ao fenômeno de desenvolvimento industrial da Europa iniciado no século XVIII, quando se materializavam as duas principais classes do capitalismo: a burguesia e o proletariado. Os interesses dessas classes foram se tornando incompatíveis, se formando um marco do movimento sindical.

Com o advento da Revolução Industrial, principalmente no que se refere ao sistema fabril, ocorreram diversas mudanças nos processos produtivos por toda a Europa. Submetidos às longas jornadas de trabalho, os trabalhadores que laboravam em condições sociais precárias se viram em meio à substituição de parte considerável da mão de obra pelas máquinas.

Nesse período houve a expansão do comércio e a produção em massa ao passo que eram criadas novas ferramentas e meios de trabalho. A produção em série nas linhas de montagem aumentou a produção e consequentemente o lucro. O maquinário que passou a ser utilizado tornou o trabalho manual secundário, e por vezes exigia uma maior qualificação por parte dos trabalhadores (PEGO, 2012, p. 25).

Como consequência, a Revolução Industrial mudou o panorama dos trabalhadores, que se viam com baixos salários, sem condições dignas de trabalho além de conviverem com o desemprego. Em face de todo o ocorrido devido ao modelo de produção capitalista, surgiu o movimento sindical.

A proibição de coalizões ou qualquer tipo de associação trabalhista perdurou por quase um século desde a Lei *Le Chapelier* de 1791 na França. Também foi instaurada a proibição na Inglaterra em 1799 através das *Combinations Acts*, bem como foi se estendendo por toda Europa. No período em que estavam proibidos de se associarem, os trabalhadores reuniam-se de forma secreta a fim de esboçar algumas ações reivindicatórias (PEGO, 2012, p. 26).

O ludismo pode ser considerado o primeiro movimento operário de reivindicação de melhorias nas relações e condições de trabalho. O movimento, que ocorreu entre 1811 e 1812 consistia na quebra de máquinas por grupos de trabalhadores em face dos avanços tecnológicos da época. O nome do movimento deriva do nome de um suposto trabalhador, Ned Ludd Michel, que seria um trabalhador têxtil do condado inglês de Leicesteshire e que teria quebrado as máquinas de seu patrão como forma de protesto. Mesmo sem qualquer comprovação, a história serviu de inspiração para vários operários que viam nas máquinas a razão de sua condição de miséria. Os seguidores começaram uma rebelião contra as máquinas, pois estas substituíam pessoas nas tecelagens inglesas.[1]

---

[1] Ludismo. Disponível em: http://www.brasilescola.com/historiag/ludismo.htm. Acesso em: set. 2015.

Ainda na Inglaterra, em seguida surgiram as *Trade Unions*, reconhecidas por se constituírem como organizações de trabalhadores, já esboçavam o que seriam os sindicatos atuais tendo como principal artifício de luta a greve. A lei do Parlamento inglês de 1824 que proclamava a liberdade de coalizão na organização do trabalho possibilitou o avanço dessas organizações, e estas, passaram a representar os trabalhadores nas negociações, evitando com isso que os capitalistas exercessem pressão individual sobre cada trabalhador. Também foram responsáveis por fixar os salários para toda a categoria e a regulamentá-los em função do lucro. Com o progresso da organização, foram criadas caixas de ajuda para os momentos de crise financeira além da união das várias categorias de uma região em federação. Como forma de impedir o crescimento dessas organizações, os empregadores começaram a exigir a não filiação dos trabalhadores a essas associações como pré-condição para as contratações[2].

Outro movimento de extrema importância no avanço da luta dos trabalhadores na Inglaterra foi o intitulado cartismo, que ocorreu entre 1837 e 1848. O ápice do movimento se deu quando os radicais William Lovett e Feargus O'Connor, enviaram ao Parlamento inglês uma carta intitulada Carta do Povo reivindicando alguns direitos como o sufrágio universal masculino, o voto secreto por meio de cédulas, eleições anuais, participação de representantes dos trabalhadores no parlamento, bem como a respectiva remuneração para subsistência durante o mandato.[3]

Karl Marx e Friedrich Engels, no Manifesto Comunista de 1848 chamavam os trabalhadores a unir-se frente ao capitalismo. Com eles surgiam as ideias do socialismo científico, a luta política para a derrubada da ordem vigente e a implantação de um plano socialista. O Manifesto Comunista foi elaborado a partir de uma solicitação da Liga Comunista, organização internacional que reunia artesãos e operários europeus em meados do século XIX e vislumbrava como principais reivindicações as reformas sociais, nas quais se destacavam a diminuição da jornada diária de trabalho de doze para dez horas e o voto universal para os homens. Nesse sentido, Marx abre o célebre Manifesto com a frase: "Um fantasma ronda a Europa, o fantasma

2 Disponível em *História do Sindicalismo*: http://diogenesdefreitas.wordpress.com/historia-do-sindicalismo-2/. Acesso em: 08 set. 2015.

3 *História do sindicalismo*. Disponível em: http://diogenesdefreitas.wordpress.com/historia-do-sindicalismo-2/. Acesso em: 08 set. 2015.

do comunismo", e o encerra com a frase: "Trabalhadores de todo o mundo uni-vos".[4]

A associação internacional dos trabalhadores, conhecida como primeira Internacional, foi uma organização internacional fundada em 1864 e é conhecida como a primeira organização de trabalhadores que abrangeu membros de outros países da Europa, bem como dos Estados Unidos. Sua proposta era organizar o proletariado do mundo todo através de um programa único, apresentando reivindicações e propostas. Entre as propostas expostas, constavam a solidariedade e colaboração entre todos os operários em suas lutas, a promoção do trabalho cooperativo, melhores condições de trabalho, sobretudo para mulheres e crianças, e a redução da jornada laboral em todos os países. A primeira Internacional encerrou seus trabalhos em 1876[5].

Como visto, a mudança do cenário iniciou-se com a legislação inglesa de 1824 que discorria sobre a liberdade de coalizão e, posteriormente, na edição do código industrial prussiano de 1869 que previa o mesmo entendimento na Alemanha. Um dos principais marcos do sindicalismo é a criação da lei que tratava dos sindicatos, as *Trade Union Act* em 1871, que vislumbravam a legitimidade das organizações de trabalhadores, cujos acordos tinham validade assegurada independente de intervenção judicial (OLIVEIRA NETO, 2010, p. 19).

Aos poucos, os países foram adotando o direito de associação profissional em seus ordenamentos jurídicos. A Constituição Mexicana de 1917, pioneira na constitucionalização do Direito do Trabalho e a de Weimar (Alemanha) em 1919 já garantiam tais direitos. Na França, revogando a Lei *Le Chapelier*, a Lei Waldeck-Rousseau de 1884 – que era composta por apenas quatro artigos – permitiu às pessoas da mesma profissão ou equivalentes organizarem-se em associações sem a permissão do governo, desde que os interesses fossem exclusivamente profissionais e econômicos. A Itália editou legislação semelhante em 1889 e nos Estados Unidos da América o reconhecimento das entidades sindicais se deu em 1880 pela Lei *Shermann Act* e posteriormente em 1932 por meio da Lei *Norris-La Guardia Act* (OLIVEIRA NETO, 2010, p. 19).

---

[4] *Manifesto Comunista.* Disponível em: http://super.abril.com.br/cultura/manifesto-comunista-445983.shtml. Acesso em: 17 dez. 2014.

[5] *História do sindicalismo.* Disponível em: http://diogenesdefreitas.wordpress.com/historia-do-sindicalismo-2/. Acesso em: 08 set. 2015.

No fim da Primeira Guerra Mundial, em 1919, como parte do Tratado de Versalhes, surge como órgão das nações unidas a OIT – Organização Internacional do Trabalho –, órgão com estrutura tripartite, ou seja, com representação do governo, dos empregadores e empregados, voltados para a defesa dos direitos humanos e trabalhistas reconhecidos na esfera internacional (PEGO, 2012, p. 30).

A OIT fundou-se sobre a convicção primordial de que a paz universal e permanente somente pode estar baseada na justiça social. A OIT é responsável pela formulação e aplicação das normas internacionais do trabalho (convenções e recomendações). As convenções, uma vez ratificadas por decisão soberana de um país, passam a fazer parte de seu ordenamento jurídico. O Brasil está entre os membros fundadores da OIT e participa da Conferência Internacional do Trabalho desde sua primeira reunião.[6]

A regulamentação internacional do trabalho por meio da OIT trouxe parâmetros às condições de trabalho e concretizou o movimento sindical. Destacam-se como instrumentos de Direito Sindical a Convenção 87, que prevê a liberdade sindical e o direito à sindicalização, além da Convenção 98 que ampara o direito à sindicalização e a negociação coletiva.

Na Itália, em 1927, com a edição da *Carta del Lavoro*, a intervenção estatal afronta as convenções da OIT com a manutenção dos sindicatos vinculados ao Estado. Esses princípios logo se espalham por outros países mitigando a liberdade associativa dos trabalhadores. O modelo sindical corporativista perdeu espaço ao término da Segunda Guerra Mundial quando apareceram as ideias de autonomia coletiva e independência na relação entre estados e entidades sindicais (GIUGNI, 1991, p. 56).

Em seguida, a OIT se consolidou como principal instrumento internacional de defesa dos interesses dos trabalhadores, principalmente no que concerne à liberdade sindical. Assim, os sindicatos são reconhecidos como primordiais ao ordenamento jurídico tornando-se cada vez mais independentes do Estado buscando sempre condições dignas de trabalho.

6 OIT. Disponível em: http://www.oitbrasil.org.br/content/hist%C3%B3ria. Acesso em: 30 dez. 2014.

## 2.2 As concepções de sindicalismo

O sindicalismo no século XIX estava presente na Inglaterra, França, Alemanha, Estados Unidos, além de outros países pelo mundo, fazendo surgir um proletariado cada vez mais forte, quantitativa e qualitativamente. O sindicalismo da época foi se aprimorando por vários lugares do mundo e a disposição das uniões sindicais inglesas, as *Trade Unions*, que almejavam reivindicações simplesmente econômicas, foram se encontrando superadas. Assim, apresentar sucintamente as concepções do sindicalismo demonstra a diversidade de ideologias propostas ao longo do período de formação do sistema sindical no mundo.

Com as reivindicações cada vez mais pretensiosas, a primeira concepção a ser analisada é a revolucionária, que apareceu em países como França e Itália e pregava que a sociedade capitalista não se transformaria por meio de reformas, acreditando que somente a greve geral poderia levar à transformação da sociedade. Os idealizadores acreditavam que a ação direta violenta e a greve geral, levando ao conflito as distintas classes sociais, acarretaria uma possível vitória dos operários, devido à justiça de sua causa, a sua maioria numérica e a sua superioridade física, contudo, desprezaram a força militar que seria utilizada em face do movimento.

Da mesma forma que o sindicalismo revolucionário, os anarquistas também negavam a luta política e viam no sindicato a verdadeira arma de guerra. Destacavam ainda a importância na organização da sociedade anarquista em núcleos de autogestão, pregavam a supressão do Estado antes mesmo da supressão dos seus pilares como a propriedade privada. Essa concepção propagou-se nos países europeus de menor desenvolvimento capitalista e, consequentemente, de menor concentração industrial, onde predominavam as pequenas indústrias como na Espanha, França, Itália, Portugal, além da maioria dos países latino-americanos (GÖETTERT, 2001, p. 19).

Mudando o cenário, surge a concepção reformista, que veio do *trade-unionismo* dos Estados Unidos e se opõe à atuação revolucionária do proletariado, buscando melhorias para a situação dos trabalhadores dentro do próprio sistema capitalista. A concepção reformista tem sua atuação exclusiva no setor econômico das relações trabalhistas, buscando ajustar o capitalismo às necessidades dos trabalhadores.

A concepção cristã corroborava a concepção reformista no que dizia respeito ao próprio sistema capitalista. Essa concepção baseava-se na encíclica *Rerum Novarum* de 1891. Leão XIII reconheceu a existência dos sindicatos, mas não se preocupou em estimular seu desenvolvimento. Em 1920 foi criada, no Congresso de Haia, a Conferência Internacional dos Sindicatos Cristãos que colocava patrões e operários como iguais e negava a violência e a luta de classes. Os princípios fundamentais que norteavam o sindicalismo cristão desprezavam as lutas de classes e o uso da violência no encaminhamento das reivindicações operárias (RUSSOMANO, 1997, p. 27).

A concepção corporativista aconteceu nas primeiras décadas do século XX em pleno regime fascista na Itália. O movimento se deu com a repressão aos líderes do movimento operário antifascista proposto por Benito Mussolini. No ano de 1927, Mussolini decretou a *Carta del Lavoro*, que organizou os sindicatos italianos nos moldes corporativistas e tornando-os subordinados e dependentes do Estado. Nos sindicatos fascistas participavam patrões e operários, capitalistas e proletários, com a finalidade de fundamentar a ideologia corporativista.[7]

A concepção comunista de sindicalismo tratava da importância da atuação dos sindicatos para transformar a luta sindical numa luta mais ampla pelo fim do sistema capitalista, aproveitando os vislumbres de consciência política que a atuação econômica introduzia no operariado, e elevando esta consciência ao nível de uma consciência verdadeiramente revolucionária. A principal experiência do sindicalismo comunista foi na Rússia. Lênin pode ser considerado o principal teórico dessa corrente. Ele criticava os reformistas inseridos na corrente trade-unionista, no sindicalismo cristão e no corporativista, além de discordar taxativamente da concepção anarquista. Com o governo de czares, que eram os imperadores da época, os sindicatos que surgiram nos fins do século XIX foram locais de organização fundamentais para o avanço da classe operária. Com a tomada do poder pelos trabalhadores, o sindicato se tornaria uma organização capaz de educar e instruir a classe trabalhadora, uma escola de governo, uma escola de administração, enfim, uma escola de comunismo (GÖETTERT, 2001, p. 21).

---

7 SINTSEP. Disponível em: http://www.sintsep-al.com.br/mostra_noticia.aspx?cod=1653. Acesso em: 03 de jan. 2015.

## 2.3 Origem do sindicalismo no Brasil

Os principais marcos da evolução do Direito Sindical no Brasil se confundem com os do Direito do Trabalho, ou seja, 1930 e 1988 (DELGADO, 2004, p. 1356). O sindicalismo brasileiro não se desenvolveu com a mesma velocidade que o da Europa, pois dada à predominância do trabalho servil em uma economia agrícola, o clima não era favorável às associações de trabalhadores. Com a Abolição da Escravatura em 1888, houve a necessidade de trazer estrangeiros para substituir o trabalho escravo, assim, o Estado teve que criar alguns atrativos para os imigrantes, que temiam os maus-tratos dos patrões, acostumados a conviver com escravos (BARROS, 2009, p. 1222).

As primeiras associações que compreendiam trabalhadores livres não se denominavam sindicatos. Elas surgiram nas décadas finais do século XIX e foram se consolidando ao longo do início do século XX. Eram as ligas operárias, sociedades de socorro mútuo, sociedades cooperativas de obreiros, enfim, vários tipos de associações que agregavam trabalhadores por critérios distintos (DELGADO, 2004, p. 1357). Na formação e desenvolvimento das entidades associativas desse período houve influência das ideias trazidas pelos imigrantes, especialmente italianos (NASCIMENTO, 2010, p. 1236).

A Proclamação da República se deu no ano de 1889. A Constituição Federal de 24 de fevereiro de 1891, primeira Constituição Republicana, era omissa a respeito do sindicalismo, mas se podia entender que era lícito devido à garantia de liberdade de associação prevista no art. 72, parágrafo 8º do mesmo instituto. No final do século XIX surgiu o sindicalismo social propriamente dito, conforme nos ensina Russomano:

> É notório que no debalbar do século XX, já se meditava sobre a significação social do sindicalismo e a importância dos movimentos operários. Foram criadas várias associações de classes (ainda sem caráter sindical), como a União dos Operários Estivadores (1903), a Sociedade dos Foguistas (no mesmo ano), a Associação de resistência dos Cocheiros, Carroceiros e Classes Anexas (1906), a União dos Operários em Fábrica de Tecidos (1917) etc., até a fundação das duas primeiras confederações operárias: a Confederação Geral dos Trabalhadores (1920), que abandonava a ideologia anarquista – mola propulsora do operariado no começo do século, inspirada pelos imigrantes europeus – e adquiria tendências nitidamente marxistas. A

> ela se opôs a Confederação Nacional do Trabalho, de modo a se esboçar, nos primórdios da vida sindical brasileira, uma funda cisão doutrinária na classe operária. (RUSSOMANO, 1997, p. 30)

O termo sindicato foi generalizado em 1903 com a aprovação das duas primeiras leis sobre sindicatos rurais. A primeira organização que teve o nome de sindicato foi o Sindicato dos Trabalhadores em Mármore, Pedra e Granito, de São Paulo, em 1906. O termo sindicato não possuía a conotação atual, ou seja, se tratava de um estereótipo, pois não havia nenhuma base intelectual ou econômica que lhes assegurassem a organização (SUSSEKIND, 2005, p. 1107).

A formalização do sindicalismo no Brasil se inicia com o Decreto 979, de 06 de janeiro de 1903 que permitia a formação de sindicatos rurais e posteriormente, com o Decreto Legislativo 1.637 de 05 de janeiro de 1907 que facultava aos integrantes de profissões similares ou conexas, inclusive profissões liberais, organizarem sindicatos para o estudo, a defesa e o desenvolvimento dos interesses gerais da produção e dos interesses profissionais de seus membros. Os sindicatos podiam se constituir livremente, bastando depositar três exemplares de seu estatuto, a ata de constituição e a lista com os nomes dos membros dos órgãos de direção no registro de hipotecas do respectivo distrito. Assim, os sindicatos devidamente registrados passaram a ter personalidade jurídica (BATALHA, 1994, p. 37).

O art. 8º do Decreto Legislativo 1.637 de 05 de janeiro de 1907 dispunha que:

> Os sindicatos que se constituírem com o espírito de harmonia entre patrões e operários, como sejam os ligados por conselhos permanentes de conciliação e arbitragem, destinados a dirimir as divergências e contestações entre o capital e o trabalho, serão considerados como representantes legais da classe integral dos homens do trabalho e, como tais, poderão ser consultados em todos os assuntos da profissão.[8]

Ainda que esse período tenha apresentado legislação esparsa, é notório que a criação da OIT no cenário mundial, em 1919, e as transformações ocorridas na Europa em decorrência da Primeira Guerra Mundial incentivaram a criação de normas trabalhistas no Brasil. Muitos imigrantes

---

[8] Dec. Legislativo 1.637/1907. Disponível em: http://www2.camara.leg.br/legin/fed/decret/1900-1909/decreto-1637-5-janeiro-1907-582195-publicacaooriginal-104950-pl.html. Acesso em: 05 jan. 2015.

influenciados pelos ideais liberais europeus deram origem a movimentos operários, influindo, inclusive, nas modificações que se dariam na década de 1930 (MARTINS, 2003, p. 39). Até 1930 predominou o liberalismo clássico que, somado à descentralização política regional brasileira, dificultava a produção legislativa em âmbito federal.

A partir da Revolução de 1930 teve início a fase intervencionista do Direito Sindical brasileiro. Nesse período se deu a fase de institucionalização ou oficialização do Direito do Trabalho, pois se consolidava um modelo trabalhista que perduraria até a Constituição de 1988. Essa fase foi marcada por um período de intervencionismo estatal, importado do modelo fascista italiano, que estendeu sua atuação aos direitos sociais, contrastando com o período anterior, que era essencialmente liberal.

Ao assumir o Governo Provisório, Getúlio Vargas se comprometeu a legislar acerca das questões sociais, tendo em vista que pouco era o que se tinha à época e o que existia não era aplicado. O governo de Getúlio Vargas marca a criação do Ministério do Trabalho, Indústria e Comércio, cuja função seria administrar a questão social que até aquele momento pertencia à polícia, além da promulgação da Consolidação das Leis do Trabalho, CLT, em 1943 (AROUCA, 2007, p. 665).

Em 19 de março de 1931 foi promulgado o Decreto 19.770 que é considerado a primeira lei sindical nacional. "Foi como se abrissem a comporta de águas há muito represadas" (RUSSOMANO, 1997. p. 32). Ficava evidente com o governo intervencionista a vontade de retirar do sindicato a autonomia privada e lhe tornar um sujeito de direito público investido de poderes inerentes ao Estado. Sendo assim, o sindicalismo nacional não nasceu espontaneamente sob a égide de lutas ou reivindicações, ele surge efetivamente no Brasil, vinculado ao poder.

A Carta de 1934, apesar de corporativa, inaugurou o constitucionalismo social, trazendo o capítulo da Ordem Econômica e Social, e consagrou os princípios laborais de ordem pública, seguindo tendência europeia do pós-guerra. No que concerne às entidades sindicais, a Carta de 1934 previa em seu art. 120, parágrafo único que "Os sindicatos e associações profissionais serão reconhecidos de conformidade com a Lei. A lei assegurará a pluralidade sindical e a completa autonomia dos sindicatos"[9].

---

9 Constituição de 1934. Disponível em: http://www2.camara.leg.br/legin/fed/consti/1930-1939/constituicao-1934-16-julho 1934-365196-publicacaooriginal-1-pl.html. Acesso em: 05 jan. 2015.

Entretanto, o Decreto 24.694 de 12 de julho de 1934, que se antecipava à Constituição frustrava os adeptos da pluralidade ao ponderar que somente uma entidade poderia possuir atribuições sindicais, além das difíceis condições para se criar um segundo sindicato, dentre as quais se destacava a exigência de um terço da categoria. A questão pertinente à liberdade sindical é bastante complexa e por vezes não gera consenso em sua interpretação, tanto que é discutida até hoje, principalmente no que se refere à Convenção 87 da OIT que dispõe especificamente sobre o tema.[10]

O Movimento de 1930 foi marcado pelo conflito de ideologias liberais e socialistas, no entanto, trouxe modernização ao Brasil. A Carta de 1934 previa preceitos do Estado do Bem-estar Social, além de trazer pela primeira vez no Brasil o direito à subsistência e à existência digna como direitos fundamentais, iniciando a fase dos direitos fundamentais de segunda geração (JUCÁ, 1997, p. 49-51).

Em meio às desavenças com os trabalhadores, a classe empregadora aprova o modelo de sindicalismo intervencionista do Ministério do Trabalho. Assim, o sindicalismo patronal surge após 1934 e o número de sindicatos patronais oficiais chega a 273. Os maiores beneficiados com a política de relações de trabalho de Getúlio Vargas foram os empresários do ramo industrial, pois a referida política buscava tirar de cena os sindicatos de resistência.

A Constituição de 1937, marcada por ter sido consagrada de forma ditatorial e por possuir tendências fascistas consagrou a unicidade sindical e vinculou o sindicato ao Ministério do Trabalho. O modelo sindical brasileiro advinha da concepção corporativista, inspirado no sistema fascista italiano e na *Carta del Lavoro*. O sindicalismo era considerado livre, contudo, somente mediante aprovação estatal, e sua profunda intervenção. Nessa época surge a expressão "pelego", utilizada até os dias atuais para definir os sindicatos que simulam representar a classe operária, mas na verdade manipulam a massa de trabalhadores visando à satisfação dos patrões.

O art. 138 da Carta Constitucional de 1937 previa uma tradução quase literal da Declaração III da *Carta del Lavoro* fascista italiana de 1927, conforme se extrai:

---

[10] Dec. 24.694/34. *Jusbrasil*. Disponível em: http://presrepublica.jusbrasil.com.br/legislacao/116672/decreto-24694-34. Acesso em: 11set. 2015.

> A associação profissional ou sindical é livre. Somente, porém, o sindicato regularmente reconhecido pelo Estado tem o direito de representação legal dos que participarem da categoria de produção para que foi constituído, e de defender-lhes os direitos perante o Estado e as outras associações profissionais, estipular contratos coletivos de trabalho obrigatórios para todos os seus associados, impor-lhes contribuições e exercer em relação a eles funções delegadas de Poder Público.[11]

O sindicato se manteve como pessoa jurídica de direito privado, mas sobre forte controle estatal, que na prática tornava as entidades instrumentos políticos visando direcionar as classes operárias. Portanto, essa é uma incoerência do próprio nascedouro da organização sindical, afinal o sindicalismo só é forte onde há espírito sindical, um dado sociológico, que não decorre de lei, mas da concentração operária (PEGO, 2012, p. 37).

Em 1939 foi promulgado o Decreto-Lei 1.402, profundamente inspirado no sistema italiano, que dispunha sobre a organização sindical. Esse decreto-lei propunha a proibição da greve e instituía um quadro de profissões, além de autorizar a intervenção estatal no sindicato.[12]

Em maio de 1943 é publicada a CLT a fim de reunir a legislação esparsa trabalhista em um só instrumento. Nessa época, o governo de Getúlio Vargas visava tornar o modelo de representação sindical conveniente aos interesses do Estado populista. O sindicato podia desenvolver-se desde que estivesse sob o controle do Estado. Nesses moldes, a contribuição sindical compulsória foi primordial ao desenvolvimento das entidades sindicais.

João Goulart, como Ministro do Trabalho e depois como Vice-Presidente do país, iniciou um período de populismo mais intensificado quando buscou mobilizar a massa operária, fortalecendo sua base política com o aumento significativo da autonomia política dos trabalhadores. Nesse período aconteceram avanços nas lutas dos trabalhadores, embora conservando a legislação corporativista que se mantinha ilesa.

A Constituição de 1946 foi contraditória ao passo que restituiu a liberdade política no país, mas não trouxe mudanças na estrutura sindical corporativista iniciada no governo de Getúlio Vargas. Os governos militares,

---

11 Constituição de 1937. Disponível em: http://www.planalto.gov.br/ccivil_03/constituicao/constituic(...).htm. Acesso em: 07 jan. 2015.

12 Dec. Lei 1.402/39. Disponível em: http://www.plana(...)decreto-lei/Del1402.htm. Acesso em: 11 set. 2015.

instituídos em 1964 não modificaram o sistema, haja vista a herança da lei corporativista do Estado Novo. Dessa forma, mantiveram os ideais corporativistas, até porque estes se prestavam aos seus propósitos em relação aos sindicatos (NASCIMENTO, 2011, p. 132).

No início dos anos oitenta surge um novo modelo de sindicalismo, proveniente dos municípios industriais do ABC Paulista, cujos líderes, entre os quais se destaca o ex-Presidente Luiz Inácio Lula da Silva, fundaram a CUT, a Central Única dos Trabalhadores, buscando a liberdade sindical entre outros direitos. Um marco desse momento histórico foi a greve iniciada em 12 de maio de 1978 que paralisou cerca de três mil trabalhadores da empresa Scania em São Bernardo-SP. O movimento foi se estendendo por todo país e pode ser considerado o renascimento do sindicalismo nacional (OLIVEIRA NETO, 2010, p. 25).

Nesse período da fertilidade sindical brasileira nascem as Centrais Sindicais, órgãos independentes que atuavam à margem da Lei e que por muito tempo foram o que de mais representativo existiu no movimento sindical. Pela atuação de destaque, o governo e os próprios empregados reconheciam a legitimidade das centrais ao negociarem e debaterem mecanismos de melhoria nos procedimentos trabalhistas da época. Desde 2008 as Centrais Sindicais estão inseridas no ordenamento jurídico brasileiro.

## 2.4 O sindicalismo na Constituição de 1988

A Carta Magna de 1988 é a responsável por consagrar diversos direitos sociais e equipará-los a direitos fundamentais, dessa forma, pode ser considerada como um dos principais institutos de efetivação do Direito do Trabalho brasileiro. O art. 8º da Constituição Federal de 1988 visa estabelecer um regime de efetiva democracia sindical, conforme se extrai das palavras de Russomano:

> Proclama a liberdade de associação (*caput*); proíbe autorizações prévias do Estado para fundação de sindicatos, com plena autonomia das entidades de classe (inciso I); concede ao sindicato amplo poder de representação (inciso III); enfatiza a atuação sindical no mundo fascinante das negociações coletivas (inciso VI), e assim por diante. (RUSSOMANO, 1997, p. 33)

Entretanto, o constituinte manteve duas normas retrógradas cruciais ao funcionamento digno das entidades sindicais: a unicidade sindical e a contribuição sindical compulsória. A unicidade sindical e a contribuição sindical estão em pleno vigor no Brasil desde a Constituição de 1937. A manutenção desses sistemas pode ser examinada conforme os ensinamentos de Arnaldo Sussekind *et al.*:

> Vargas teve razão ao adotar a unicidade sindical, que resultou nessa força, e ao criar o imposto sindical, que estabeleceu um vínculo financeiro entre o sindicato e a massa trabalhadora, aproximando-a dos seus representantes, fortalecendo-os. Hoje, a Constituição de 1988, que nesse ponto, repetiu a Carta de 1937, precisa de modificação para assegurar a liberdade sindical no seu tríplice aspecto: do indivíduo, do grupo, da entidade. E a contribuição sindical compulsória deve ser substituída pela 'quota de solidariedade', cobrada dos trabalhadores não sindicalizados beneficiados pela ação do sindicato que os representou na negociação coletiva.[13]

A unicidade sindical limita a instituição de uma entidade por categoria em cada base territorial enquanto que a contribuição sindical, que também era conhecida como imposto sindical devido à origem estatal, sempre foi devida por todos trabalhadores da categoria, independentemente de filiação.

Dentre os avanços previstos na Constituição de 1988 encontram-se, a livre associação profissional ou sindical e a vedação ao Poder Público de interferência ou intervenção na organização sindical, impedindo, dessa forma, a possibilidade de ingerência direta do Ministério do Trabalho e Emprego sobre a gestão das entidades sindicais. Destaca-se também a estabilidade temporária do dirigente sindical, bem como a liberdade de definição da base territorial pelos próprios trabalhadores ou empregadores interessados, desde que não seja inferior à área de um município (NASCIMENTO, 2003, p. 123).

A organização sindical permaneceu inalterada. O direito de greve também continuou reconhecido por meio da Lei federal 7.783/89 e pode ser considerado um dos maiores trunfos dos trabalhadores em face aos excessos dos empregadores. Quanto às contribuições que visam custear a entidades sindicais, restaram: (1) a contribuição sindical, que até 2017 era compulsória e está prevista no art. 8º, inciso IV da Constituição combinado com o art. 578 e seguintes da CLT; (2) a contribuição confederativa,

---

13 SUSSEKIND Arnaldo *et al. Um construtor do Direito do Trabalho.* São Paulo: Saraiva, 2004, p. 96-97.

que é fixada por meio de Assembleia Geral e está prevista no art. 8º, inciso IV da Constituição; (3) a contribuição assistencial, que é estipulada em Assembleia Geral a fim de custear negociações coletivas ou atividades assistenciais dos sindicatos; (4) além da contribuição associativa que é prevista no estatuto de cada sindicato com a finalidade de fixar a contribuição dos membros sindicalizados.

Em 2004, na chamada reforma do Poder Judiciário, a competência da Justiça do Trabalho foi ampliada. No Direito Coletivo, a Emenda Constitucional nº 45 alterou a questão do poder normativo da Justiça do Trabalho, quando passa a exigir o comum acordo, mesmo que de forma tácita nos ajuizamentos dos dissídios coletivos de natureza econômica. Em 2008, as Centrais Sindicais passaram a integrar o sistema sindical brasileiro, contando com a arrecadação de dez por cento da contribuição sindical compulsória (PEGO, 2012, p. 45).

No ano de 2016, com o argumento de combate ao desemprego e a crise econômica que assolava o país, o então presidente da República Michel Temer propôs o projeto de uma Reforma Trabalhista no Brasil. O projeto, que visava modificar substancialmente a Consolidação das Leis do Trabalho foi aprovado nas duas casas do Congresso Nacional e sancionado pelo presidente no dia 13 de julho de 2017. A Lei 13.467/17 passou a ter validade no país no dia 11 de novembro de 2017, cento e vinte dias após sua publicação.

No âmbito do Direito Coletivo do Trabalho, várias foram as intervenções apresentadas pela nova legislação, contudo, de uma forma geral, houve retrocesso em relação ao poderio que as entidades sindicais brasileiras acumularam ao longo dos anos. Vários instrumentos trazidos pela Reforma Trabalhista retiram poderes dos órgãos coletivos e privilegiam a autonomia individual, o que, ao nosso ver, não se enquadra no conceito de modernização das leis trabalhistas conforme o discurso apresentado pelos defensores da nova lei.

Convém ressaltar que a classe trabalhadora perdeu muitos dos seus direitos que foram conquistados ao longo dos anos, por meio de grandes lutas frente ao poder econômico dos patrões. No que diz respeito aos sindicatos, se destacam: a) o banco de horas, que agora pode ser negociado livremente entre empresa e empregado; b) a equiparação da dispensa coletiva à individual, o que dispensa a autorização prévia do sindicato de classe; c) a nova concepção de que convenções e acordos coletivos poderão prevalecer sobre a legislação, sendo que os sindicatos e as empresas podem negociar condições de trabalho diferentes das previstas em lei, mas não necessariamente num patamar melhor para os trabalhadores; d) a homologação da rescisão, que agora pode ser feita na empresa na qual o empregado trabalhou, não sendo mais obrigatória a assistência do sindicato em nenhuma hipótese.

Apontada pela maioria dos trabalhadores brasileiros como a melhor medida decorrente da Reforma Trabalhista, o fim da contribuição compulsória, ou imposto sindical, não foi aclamado pelas entidades sindicais que se viram instantaneamente sem a sua principal fonte de renda. A contribuição agora é facultativa e só deve ser recolhida mediante autorização prévia do empregado.

O assunto deve ser tratado com cautela, à medida que o imposto sindical sempre foi um dos maiores procrastinadores do Direito Sindical brasileiro. Contudo, o sistema sindical não se preparou adequadamente para a medida que parecia inevitável, já que o imposto compulsório sempre foi um dos pilares que furtava a legitimidade dos sindicatos brasileiros.

Antes de uma reforma trabalhista, o que o país necessitava era de uma reforma sindical profunda, com foco na liberdade sindical plena para que pudesse tornar suas entidades efetivamente representativas. Com entidades que representem de fato os trabalhadores, a flexibilização não seria um problema, já que um sindicato legítimo protege verdadeiramente os direitos de seus trabalhadores. Infelizmente nossa base não é sólida e por este motivo não sustenta absolutamente nada. Sendo assim, tratar a hipótese de negociado sobre o legislado antes de reformar o sistema sindical é simplesmente construir um prédio de trinta andares sobre colunas e vigas que suportariam no máximo uma casa. O resultado é claro e apavorante.

Em 2019, com a posse do presidente Jair Bolsonaro, veio a extinção do famigerado Ministério do Trabalho e Emprego (MTE), por meio da Medida Provisória (MP) 870. A medida fragmentou a matéria dividindo as atribuições do antigo órgão, ou seja, a parte que envolve maior volume de recursos, como o Fundo de Garantia do Tempo de Serviço (FGTS) e o Fundo de Amparo ao Trabalhador (FAT), passou a pertencer ao recém-criado Ministério da Economia. Já o registro sindical, que sempre foi alvo de escândalos, passa agora para o novo Ministério da Justiça e Segurança Pública. Todavia, por se tratar de uma Medida Provisória, se não for aprovada no Congresso Nacional perderá sua validade e o MTE poderá ser restabelecido.

O modelo corporativista pautado na intervenção estatal nas entidades sindicais se mostra mais atual que nunca em nosso país. A unicidade, o sistema confederativo, as variadas contribuições sindicais e o poder normativo da Justiça do Trabalho podem ser elencados como fatores provenientes do período corporativista que simplesmente não evoluíram ao passo que a sociedade foi se desenvolvendo. A superação desse modelo autoritário e intervencionista é um desafio inadiável à construção de uma sólida experiência democrática no país (DELGADO, 2004, p. 1366).

No entanto, não basta combater os pontos retrógrados do sistema corporativista, há que se elaborar um conjunto de garantias jurídicas à efetivação, organização e fortalecimento sindicais, para que os princípios da liberdade associativa, da autonomia sindical e da real equivalência entre os contratantes coletivos trabalhistas não sejam mero simulacro, mais uma vez na história do país (DELGADO, 2004, p. 1366).

## 2.5 Direito Sindical comparado

Confrontar o Direito Sindical brasileiro ao proposto em outros países se mostra interessante a fim de criar um parâmetro e repensar a atual estrutura sindical do nosso país. O sindicalismo praticado pelo mundo possui características peculiares em decorrência dos mais variados sistemas jurídicos.

### 2.5.1 Modelo italiano

A formação do modelo sindical brasileiro foi profundamente inspirada no modelo sindical italiano, através das primeiras associações operárias surgidas em São Paulo entre 1891 e 1914, constituídas sob a inspiração de ideologias apresentadas pelos imigrantes italianos. O sistema de ideias corporativistas da *Carta del Lavoro* de 1927 nortearam as legislações pertinentes à organização sindical brasileira a partir de 1931. Desde então, pode-se constatar uma evolução no plano do sindicalismo italiano, enquanto as bases do sindicalismo brasileiro, pouco evoluíram, tanto legal quanto constitucionalmente.

Ao final da Segunda Guerra Mundial houve a renovação do Direito Sindical na Itália com a criação da confederação geral dos trabalhadores. Nessa época, as entidades sindicais se transformaram em pessoas jurídicas de direito privado, o que culminou com: a plena liberdade de criação de sindicatos em qualquer nível; a extinção das categorias com a substituição pelo interesse coletivo; a criação de contratos coletivos de direito comum; a aplicação das cláusulas do contrato coletivo aos sócios; a extensão das cláusulas aos não sócios por extensão ou adesão; a elaboração do princípio da autonomia privada nas negociações coletivas; a manutenção das convenções coletivas com efeito *erga omnes*; a liberdade de criar comissões de trabalhadores nas empresas; a legitimidade de negociar em qualquer nível sindical, inclusive comissões de empresa, a contribuição sindical devida apenas pelos afiliados ao sindicato; o direito de greve devidamente ressalvado, entre outras medidas que marcaram esse novo modelo (NASCIMENTO, 2005, p. 648).

A organização sindical italiana é livre e a única exigência legal consiste no registro do sindicato no órgão competente. Como pressuposto para conseguir o registro, deve a entidade sindical possuir um regulamento interno baseado na democracia. Os sindicatos possuem legitimidade para negociar contratos coletivos de trabalho que vinculam todos os integrantes da categoria.[14]

No Brasil, os acordos e convenções coletivas de trabalho são negociados com abrangência regional, o que os torna instáveis ano após ano, e por isso vêm paulatinamente ressentindo-se da perda de direitos conquistados em outros tempos. Na Itália, o contrato coletivo de trabalho celebrado em nível nacional, com a força da participação de milhares de trabalhadores, sob o comando das confederações, já é uma realidade. As Centrais Sindicais brasileiras surgem como esperança na efetiva representatividade dos trabalhadores, à semelhança das confederações italianas.

No ordenamento jurídico italiano existe uma disposição expressa com vistas a coibir qualquer tipo de financiamento ou intervenção de empregadores nos sindicatos profissionais. Com isso, os chamados sindicatos pelegos perdem espaço, pois o regime adotado se funda na criação de entidades que possuam ideologia comum e, portanto se consolidam através dos associados. Infelizmente, no Brasil essa prática é bastante comum e atenta contra o verdadeiro sentido do movimento sindical (OLIVEIRA NETO, 2010, p. 30).

---

[14] Constituição Italiana traduzida. Disponível em: http://www.tudook.com/abi/constituicao_italiana.html. Acesso em: 11 set. 2015.

No que concerne ao financiamento do sistema sindical, o modelo italiano extinguiu a contribuição compulsória respeitando os pressupostos da efetiva liberdade sindical. Os sindicatos precisam ser independentes e atuantes e um passo fundamental é a conquista da representatividade disputada entre os trabalhadores. Os sindicatos brasileiros sempre foram totalmente dependentes da receita compulsória e agora tentam se adaptar à nova medida. O modelo italiano demonstra que a supressão da contribuição sindical é fundamental para a emancipação dos sindicatos no Brasil.

### 2.5.2 Modelo espanhol

Na Constituição espanhola de 1978, especificamente no art. 28.1, estão assegurados os plenos direitos de sindicalização livre, com algumas exceções ao funcionalismo público. A liberdade sindical espanhola abrange, conforme a Constituição, o direito de fundar sindicatos, de filiar-se a eles ou de concorrer para a ocupação de seus cargos, bem como prevê aos sindicatos que formem confederações, organizações sindicais internacionais ou que se filiem a estas livremente (Art. 28.1 – Constituição Espanhola 1978).

O estudo do modelo sindical espanhol serve como referência ao demonstrar ao restante do mundo que o regime de pluralidade sindical não constitui empecilho ao fortalecimento das entidades sindicais. Muito do desenvolvimento do movimento sindical espanhol se dá através da ratificação da Convenção 87 da OIT que zela pela liberdade sindical, instrumento normativo que não foi ratificado pelo Brasil até o presente momento.

Na Espanha, o sindicalismo é espontâneo e não se submete a nenhuma legislação específica, dessa forma, a unidade sindical prevalece naturalmente, tornando os sindicatos autênticos meios de representação nas negociações entre empregados e empregadores. Os sindicatos espanhóis conquistaram essa condição que hoje se encontra formalizada na Constituição do país.[15]

O Direito do Trabalho espanhol é regulado pelo Estatuto dos Trabalhadores, a Lei nº 8/80, que também incorpora os procedimentos acerca das negociações coletivas. O regime sindical espanhol está previsto na Lei Orgânica de Liberdade Sindical, LOLS, nº 11/85, alterada em parte pela Lei nº 14/94. A lei orgânica de liberdade sindical, assim como a Constituição espanhola, assegura aos trabalhadores o direito de sindicalizar-se livremente a fim de defender interesses econômicos e sociais.

---

[15] Sindicalismo na Espanha. Disponível em: http://www.jornal-sisderesp.com.br/products/sindicalismo-na-espanha/. Acesso em: 12 dez. 2014.

A liberdade de associação espanhola compreende o direito de criar sindicatos sem autorização prévia, além do direito de suspender ou extinguir suas atividades; o direito de aderir aos sindicatos de sua escolha, apenas acatando seus estatutos, não podendo ser forçado a filiar-se a qualquer entidade; o direito dos membros de eleger os seus representantes dentro de cada sindicato e o direito de atividade sindical. Os sindicatos no exercício da liberdade sindical têm o direito de elaborar seus estatutos e regulamentos, para organizar sua administração e atividades e formular seus programas; estabelecer federações, confederações e organizações internacionais assim como filiar-se a elas; não ser dissolvido, exceto por uma decisão definitiva da autoridade judiciária, fundada em violação grave da lei além do efetivo exercício da atividade sindical dentro e fora das empresas (ESPANHA, LOLS, art. 2º).

A aquisição de personalidade jurídica pelo sindicato carecerá de depósito do estatuto em repartição pública que lhe dará publicidade a fim de sofrer alguma eventual impugnação (ESPANHA, LOLS, arts. 4.1, 4.4 e 4.6).

Sobre o financiamento das entidades sindicais da Espanha, existem dois tipos de contribuição conforme se extrai do art. 11 da LOLS, a contribuição sindical, que só é paga pelos associados, além da contribuição de solidariedade, que é custeada pelos filiados e não filiados que tenham se beneficiado da negociação coletiva desenvolvida pelo sindicato (MARTINS, 2004, p. 36).

Existe garantido ao trabalhador o direito de se manifestar nos termos da negociação coletiva acerca do desconto. A partir da anuência do empregado, o empregador se torna obrigado a proceder ao desconto em favor da respectiva entidade sindical.

### 2.5.3 Modelo norte-americano

O estudo do modelo de sindicalismo norte-americano mostra a eficiência das negociações coletivas que prevalecem em relação à legislação trabalhista. A liberdade exercida através das negociações tem como fundamento equilibrar as relações entre empregados e empregadores, diminuindo a intervenção estatal em relações consideradas privadas.

No ordenamento jurídico dos Estados Unidos as relações trabalhistas são regulamentadas por meio de leis federais, especificamente a Lei Nacional das Relações de Trabalho, além de outras normas federais ou estaduais que tratam de temas específicos dentro do mundo laboral. Esta lei ampara os direitos de trabalhadores subordinados e empregadores além de enaltecer a negociação coletiva.

Cumpre ressaltar que a Lei Nacional das Relações do Trabalho é de 1935, ou seja, anterior à CLT do Brasil. De tal modo, comprova-se que o problema do sindicalismo brasileiro não está na idade da nossa legislação, mas na ideologia empregada em sua formação, haja vista que a mesma legislação ainda é praticada nos Estados Unidos sem ser considerada defasada.

Ao compararmos o modelo trabalhista americano ao de outros países marcados pelo intervencionismo estatal, como é o caso do Brasil, se constata que a intervenção é mínima. O contrato de trabalho é realizado segundo a livre vontade das partes. É entendimento nacional que a excessiva regulamentação enseja administração, que onera o produto norte-americano no mercado mundial (GODOY, 2004, p. 126).

A fim de compreender os principais aspectos da estrutura sindical trabalhista norte-americana, compete o esboço de alguns institutos que permeiam o universo sindical tanto no Brasil quanto nos Estados Unidos.

Uma das características que diferencia os sistemas é a descentralização das negociações coletivas, pois no ordenamento norte-americano os acordos são realizados de forma bastante específica, em níveis de fábrica, prevalecendo os sindicatos locais que são vinculados a outros sindicatos de competência superior.

Nos Estados Unidos, vigora a pluralidade sindical, dessa forma, a autonomia dos sindicatos é maior que a brasileira, permitindo que o sindicato se filie a outro ou transfira seus direitos a outra entidade, podendo ocorrer fusão ou transferência de direitos. Também há a representatividade única por meio do sindicato que vence a eleição entre os respectivos empregados. Em síntese, o *National Labor Relations Board* investiga todos os sindicatos que pleiteiam representar a categoria e realiza uma eleição na qual será eleito o sindicato que representará os trabalhadores (SANTOS, 2005, p. 64-66).

O *National Labor Relations Board*, ou o Conselho Nacional das Relações do Trabalho é um órgão vinculado à administração pública cuja natureza jurídica é de agência reguladora. Cabe ao Conselho, entre outras funções, promover eleições, determinar se os empregados se interessam em ser representados por sindicatos e por qual, determinar quais os sindicatos podem realizar negociações coletivas, dirimir questões de representação sindical, assim como combater práticas contrárias à lei nacional do trabalho.

A análise desse órgão chama atenção ao ser cogitado no ordenamento brasileiro, pois ele consegue fiscalizar e apoiar as entidades sindicais sem intervir na ideologia ou funcionamento das mesmas.

Outra particularidade que deve ser apreciada é a liberdade sindical. O sistema sindical norte-americano prima pela democracia nas relações laborais, logo os trabalhadores que desejam ser representados nas negociações coletivas podem selecionar um sindicato já estabelecido, criar um novo ou até mesmo designar um indivíduo como seu representante sindical no lugar do sindicato, situação impensável no ordenamento brasileiro (SANTOS, 2005, p. 77).

Como visto, o procedimento de negociação coletiva é pautado pela ampla liberdade sindical, contudo, há que se mencionar a filiação obrigatória por meio das cláusulas de segurança nacional previstas nos acordos coletivos, pois estas vinculam os trabalhadores beneficiados pela negociação à sindicalização compulsória, interferindo na ampla liberdade sindical do trabalhador. A contribuição imposta pela negociação coletiva é uma forma de compensar a não sindicalização forçada.

No tocante ao sistema de contribuição, em regra são instituídas nas negociações coletivas e descontadas mensalmente do salário dos empregados, desde que eles autorizem por escrito. A autorização é irrevogável por no máximo um ano ou período pactuado no contrato coletivo de trabalho. Não há nenhuma intervenção do poder público como ocorre no Brasil, ou seja, os próprios trabalhadores negociam com os sindicatos os valores correspondentes (PEGO, 2012, p. 64).

O *National Labor Relations Act* permite a negociação nas convenções coletivas de cláusulas que forcem os não sindicalizados a contribuírem ao sindicato apenas para cobrir os gastos comuns, já que foram beneficiados pela negociação coletiva, mas não há imposição de filiação (MARTINS, 2001, p. 38).

Diante do que foi analisado, percebe-se que no modelo sindical brasileiro a negociação coletiva ainda não se consolidou como forma autônoma de se resolver conflitos, assim, existe acentuado intervencionismo estatal em relação aos direitos trabalhistas. Os sindicatos norte-americanos por sua vez, são considerados meios efetivos de proteção ao trabalhador, utilizando a negociação coletiva como principal meio de normatização de condições trabalhistas, ao invés da legislação estatal.

### 2.5.4 Modelo português

O modelo sindical português prevê a liberdade sindical como garantia de defesa dos direitos e interesses dos trabalhadores. No texto da Constituição da República Portuguesa aprovada e decretada pela Assembleia Constituinte em 1976, em seu art. 55 existe a previsão expressa da liberdade sindical:

> No exercício da liberdade sindical é garantido aos trabalhadores, sem qualquer discriminação, designadamente:
>
> a) A liberdade de constituição de associações sindicais a todos os níveis;
>
> b) A liberdade de inscrição, não podendo nenhum trabalhador ser obrigado a pagar quotizações para sindicato em que não esteja inscrito;
>
> c) A liberdade de organização e regulamentação interna das associações sindicais;
>
> d) O direito de exercício de atividade sindical na empresa;
>
> e) O direito de tendência, nas formas que os respectivos estatutos determinarem.

O ordenamento constitucional português também prevê que não haverá interferência estatal ou dos empregadores no funcionamento das entidades sindicais profissionais. A lei confere aos sindicatos a prerrogativa de celebrar as negociações coletivas de trabalho e fixa as regras para legitimação e eficácia das respectivas normas.

Desde 10 de dezembro de 2003, as relações trabalhistas de Portugal são regulamentadas pelo Código do Trabalho (Lei 99/2003). Esse código regula, dentre outras disciplinas, a atuação sindical com o foco principal na liberdade sindical. A autonomia e a independência dos sindicatos profissionais também restam regulamentadas, ao passo que é vedada a interferência estatal ou dos empregadores nas estruturas de representação coletiva dos trabalhadores. Embora tenha sido garantida a autorregulamentação (criação, eleição e gestão) dos sindicatos, a aquisição da personalidade jurídica, assim como acontece no Brasil, foi condicionada ao registro dos estatutos no ministério que abrange a área trabalhista (OLIVEIRA NETO, 2010, p. 35).

No Código do Trabalho português existe a proibição das condutas antissindicais, principalmente aquelas que tenham por objeto condicionar a contratação dos empregados à filiação ou desfiliação a determinada entidade de classe. Tanto no âmbito profissional como no econômico é assegurado o direito de constituir associações sindicais (sindicatos, federações, uniões e confederações) em todos os níveis para defesa e promoção dos seus interesses (OLIVEIRA NETO, 2010, p. 35).

No Direito Coletivo de Portugal a liberdade sindical é bastante acentuada, visto que ao empregado não é imposta a filiação compulsória nem proibida sua desfiliação a qualquer tempo. Em caso de pluralidade de sindicatos representando a mesma categoria, o empregado só poderá se filiar a uma única entidade sindical, mas esse sindicato será livremente escolhido pelo trabalhador.

No que concerne às contribuições sindicais, não existe a figura do imposto ou contribuição sindical compulsória. As contribuições sindicais são fruto de ajustes previstos em negociação coletiva ou da anuência expressa dos trabalhadores, sendo vedado ao empregador qualquer ato que possa prejudicar o desconto ou o repasse às entidades sindicais correspondentes. Ao trabalhador é garantido o direito de não contribuir, bem como o direito de revogar sua contribuição a qualquer tempo sem que isso ocasione qualquer espécie de discriminação ou prejuízo.

O Código do Trabalho de 2003 foi revisto em 2009 porque Portugal foi um dos países mais atingidos pela crise econômica. O FMI (Fundo Monetário Internacional) e o BCE (Banco Central Europeu) condicionaram a concessão de empréstimos a contrapartidas que impunham perda de direitos aos trabalhadores do país a fim de impulsionar o setor econômico.

No que se refere às negociações coletivas, importante ressaltar que o Código do Trabalho Português de 2009 manteve a previsão da negociação coletiva *in pejus*, com renúncia ao direito legislado de proteção. O princípio da norma mais favorável foi mitigado e o Código do Trabalho prevê que a lei só prevalecerá diante do instrumento de regulamentação coletiva caso haja uma disposição legal imperativa nesse sentido.

Em contrapartida, o instrumento de regulamentação coletiva só prevalecerá diante da lei se dispor em sentido mais favorável aos trabalhadores em relação a um determinado rol de matérias (art. 3º, 3, do Código do Trabalho). O Direito Coletivo do Trabalho Português tem se pautado em privilegiar as normas negociadas entre as partes (autonomia privada coletiva) principalmente nos conflitos que envolvem a lei e as negociações coletivas, o que a partir de agora, será tendência também no Brasil.

# 3

# PRINCÍPIOS FUNDAMENTAIS COLETIVOS DO TRABALHO

O Direito do Trabalho se divide em Direito Coletivo do Trabalho e Direito Individual do Trabalho, mas cabe ressaltar que essas subdivisões não produzem um ramo de Direito autônomo. Os princípios do Direito Coletivo do Trabalho, apesar de suas peculiaridades, podem ser considerados princípios do Direito do Trabalho que dizem respeito às relações coletivas de trabalho.

Nas relações individuais do trabalho há a hipossuficiência do trabalhador em face ao seu empregador, assim, o Direito individual é manifestamente protecionista, já que visa equalizar a desigualdade existente entre as partes. Nas relações individuais trabalhistas vigora o princípio da proteção, a fim de que a desigualdade existente no plano fático não impere no plano jurídico.

O Direito Coletivo do Trabalho tem por objeto disciplinar as relações coletivas de trabalho, entre elas a organização sindical, as negociações coletivas e os instrumentos normativos (acordos e convenções coletivas de trabalho), a forma de solução de conflitos (mediação, arbitragem, dissídio coletivo) e a greve. Entre os entes coletivos trabalhistas não existe a desigualdade fática existente nas relações individuais do trabalho, já que o empregador é considerado por si só, um ente coletivo, além disso, os empregados, quando organizados coletivamente em torno de uma entidade sindical, conseguem negociar em condiçõ4 es de igualdade com seus empregadores se tornando sujeitos de direito teoricamente equivalentes.

O Direito Coletivo do Trabalho, apesar de não ser um ramo autônomo do Direito, apresenta princípios básicos que norteiam sua base estrutural. Os princípios podem ser definidos como a base, o fundamento, a razão fundamental sobre a qual se discorre a respeito de determinado assunto. Trata-se de proposições mais abstratas que dão razão ou servem de base e fundamento ao Direito. Mauricio Godinho Delgado faz a melhor explanação sobre o assunto, enumerando os princípios específicos do Direito Coletivo do Trabalho em três grupos, os quais se diferenciam quanto ao objeto de estudo e seu escopo (DELGADO, 2011, p. 46).

O primeiro grupo reúne os princípios assecuratórios das condições de emergência e afirmação da figura do ser coletivo obreiro, que são a liberdade associativa e sindical, além da autonomia sindical. Essa abordagem visa o ser coletivo obreiro, ou seja, a criação e fortalecimento de organizações de trabalhadores que possam exprimir a vontade coletiva desse segmento social.

O segundo grupo, por sua vez, concentra os princípios regentes das relações entre os seres coletivos obreiros e empresariais trabalhistas no contexto da negociação coletiva, com o princípio da interveniência sindical na normatização coletiva, o da equivalência dos contratantes coletivos, e o da lealdade e transparência nas negociações coletivas. Esses princípios buscam conformar, direta ou indiretamente os parâmetros da negociação coletiva trabalhista.

O terceiro grupo, finalmente, apresenta o conjunto de princípios que trata das relações e efeitos perante o universo e comunidade jurídicos das normas produzidas pelos contratantes coletivos, que são o princípio da criatividade jurídica da negociação coletiva e o da adequação setorial negociada, que tem por objeto tutelar o patamar mínimo civilizatório obreiro. Tais princípios tratam dos resultados normativos do processo negocial coletivo, fixando diretrizes quanto à sua validade e extensão.

Para Amauri Mascaro Nascimento, existem princípios no Direito Coletivo do Trabalho que tratam da organização sindical, negociação coletiva e direito de greve. Na opinião do referido autor, os princípios sobre organização sindical podem ser extraídos da Convenção 87 da OIT, ou seja, se manifestam pelo instituto da liberdade sindical por meio de quatro garantias universais.[16]

---

16 TRIBUNAL SUPERIOR DO TRABALHO. *Princípios do Direito Coletivo do Trabalho*. Disponível em: http://www.tst.jus.br/documents/1295387/1334373/3.+Princ%C3%ADpios+do+Direito+Coletivo+do+Trabalho. Acesso em: 11 set. 2015.

A primeira garantia fundamental se funda no direito de constituir, sem necessidade de prévia autorização do Estado, entidades sindicais profissionais ou econômicas, bem como o direito positivo de ingressar e negativo o de sair da entidade livremente. A segunda garantia fundamental assegura às associações o direito de redigir seus próprios estatutos visando uma ampla liberdade de gestão. A terceira garantia protege as entidades sindicais da suspensão ou extinção por via administrativa e a quarta garantia fundamental certifica o direito das entidades sindicais, de criarem federações, confederações e ainda de filiar-se em organizações internacionais.[17]

Ao tratar das negociações coletivas, o princípio de maior relevância é o da autonomia privada coletiva, que se perfaz no poder de autorregulamentação resultante da livre e direta negociação entre sindicatos e empregadores. No entendimento de Nascimento, os contratos coletivos de trabalho são fontes formais do Direito do Trabalho, ao passo que podem ser considerados os que melhor atendem às aspirações democráticas da sociedade.[18]

Por fim, Nascimento defende o princípio da greve como direito passível de disciplina legal. O autor lembra a evolução e a variação da greve, que por vezes foi considerada delito, passando pela liberdade até chegar ao direito assegurado pela ordem jurídica, já que existem várias vertentes ao se tratar da greve, pois para alguns ela é um instituto puramente trabalhista, ao passo que para outros é considerada um instrumento político que pode superar o âmbito laboral e incidir na política do país. No entendimento do autor, mesmo sendo a greve algo que tem sua origem ligada à liberdade social, há que ser disciplinada a fim de não se desvirtuar ou se banalizar dentro do cenário trabalhista.[19]

Nesse contexto, se estabelece que a base jurídica dos princípios relativos ao Direito Coletivo do Trabalho se firma em alguns princípios fundamentais, quais sejam: o princípio da liberdade sindical; o princípio da autonomia sindical e a greve. A liberdade sindical e a autonomia privada interferem de forma direta na organização sindical, na negociação coletiva

---

17 TRIBUNAL SUPERIOR DO TRABALHO. *Princípios do Direito Coletivo do Trabalho*. Disponível em: http://www.tst.jus.br/documents/1295387/1334373/3.+Princ%C3%ADpios+do+Direito+Coletivo+do+Trabalho. Acesso em: 11 set. 2015.

18 TRIBUNAL SUPERIOR DO TRABALHO. *Princípios do Direito Coletivo do Trabalho*. Disponível em: http://www.tst.jus.br/documents/1295387/1334373/3.+Princ%C3%ADpios+do+Direito+Coletivo+do+Trabalho. Acesso em: 11 set. 2015.

19 TRIBUNAL SUPERIOR DO TRABALHO. *Princípios do Direito Coletivo do Trabalho*. Disponível em: http://www.tst.jus.br/documents/1295387/1334373/3.+Princ%C3%ADpios+do+Direito+Coletivo+do+Trabalho. Acesso em: 11 set. 2015.

e na greve, ou seja, nos aspectos mais relevantes que envolvem o Direito Coletivo do Trabalho, sendo assim, é essencial para uma melhor compreensão, analisar especificamente esses princípios fundamentais do Direito Coletivo do Trabalho.

A liberdade sindical é um direito fundamental da pessoa humana, além disso, é responsável por apoiar a estabilidade nas instituições democráticas. Nesse sentido, oportuno mencionar a lição de Nascimento, ao abordar a preservação da liberdade sindical a fim de solidificar a democracia:

> Uma democracia é adulta quando tem condições de preservar a liberdade sindical, o princípio maior da teoria da organização sindical, fruto de longa evolução das ideias e das estruturas sociais e políticas cujas origens remotas são encontradas nas corporações de ofício medievais. (NASCIMENTO, 2003, p. 37)

A autonomia privada coletiva por sua vez, é a manifestação de um poder atribuído aos particulares para criar normas jurídicas. Trata-se de uma normatividade que aparece espontaneamente na sociedade, cuja natureza é notável e variável e sua observância incorre do consenso e não da imposição. Fortalece-se, portanto, a democracia, uma vez que o exercício da autonomia privada coletiva possibilita a participação de corpos intermediários, dando voz ao cidadão no processo decisório (GEMIGNANI, 2000, p. 34-35). A autonomia privada coletiva manifesta o poder de criação de normas jurídicas diversas das previstas pelo Estado.

No que se refere à greve, ela tem por escopo básico a melhoria das condições sociais, dessa forma constitui um direito fundamental do trabalhador enquanto pessoa. Pode-se afirmar que a greve configura um instrumento democrático a serviço da cidadania, na medida em que seu objetivo maior é a reação pacífica e ordenada dos trabalhadores contra atos que impliquem desrespeito à dignidade da pessoa humana.

## 3.1 Liberdade sindical

A liberdade sindical pode ser compreendida sobre vários aspectos e pode ser considerada como princípio norteador do Direito Coletivo do Trabalho. Nesse sentido é tratada por diversos autores nos mais variados enfoques. Para Russomano, a liberdade sindical plena se perfaz numa figura triangular, que engloba a sindicalização livre, a autonomia sindical e a pluralidade sindical (RUSSOMANO, 1997, p. 65).

Como já mencionado, Nascimento entende que a liberdade sindical abrange a liberdade de associação, de organização, de filiação, de administração e a liberdade de funções (NASCIMENTO, 2011, p. 40).

Magano também conceitua a liberdade sindical sobre vários aspectos considerando sua efetividade e assim menciona dentre outros: a não interferência externa, oriunda do Estado ou de organizações econômicas; a liberdade de organização e a liberdade para a promoção de interesses (MAGANO, 1993, p. 27).

Nas palavras de Batalha, a liberdade sindical pode ser entendida em duplo sentido. No aspecto político, a liberdade sindical visa reconhecer às entidades sindicais seu caráter privatístico, e torná-las completamente alheias ao Estado. Já no que concerne ao sentido individualístico, a liberdade sindical assegura o direito de qualquer trabalhador ou empresa de participar do respectivo sindicato, filiando-se ou não. No entendimento do autor, no Brasil não existe a liberdade sindical no sentido individualístico, já que não há como coexistir com o instituto da unicidade sindical, sedimentador da representação compulsória (BATALHA, 1994, p. 82).

Cumpre ressaltar que todos esses sentidos que abrangem a liberdade sindical são conexos e interdependentes, demonstrando assim, que a efetiva liberdade está sujeita ao respeito do conjunto de todos eles.

A fim de compreender melhor a liberdade sindical, cabe um sucinto esboço histórico sobre o tema. Em 1919 foi promulgada a Constituição da Organização Internacional do Trabalho (OIT). Em 1944, foi publicada a Declaração da Filadélfia, que foi incorporada à Constituição da OIT, visto que reafirmava que a liberdade de expressão e de associação eram essenciais à continuidade do progresso, e zelava pelo efetivo reconhecimento do direito à negociação coletiva, a cooperação entre empregados e empregadores para o contínuo melhoramento da eficiência produtiva e a colaboração de trabalhadores e empregadores na preparação e aplicação de medidas sociais e econômicas.

A universalização e a internacionalização da liberdade sindical decorrem de sua integração ao texto de diversas declarações internacionais de direitos humanos. Em 1948, foi realizada a Conferência Geral da OIT em São Francisco (EUA), na qual foi adotada a Convenção nº 87, que acabou sendo denominada de Convenção sobre Liberdade Sindical e Proteção ao Direito Sindical.

Em 1949 surgiu a Convenção nº 98 da OIT, relativa à aplicação dos princípios do direito de organização e de negociação coletiva. Essa convenção foi ratificada pelo Brasil em 18 de novembro de 1952. No ano de 1966 foi celebrado o Pacto Internacional dos Direitos Econômicos, Sociais e Culturais, que veio a estabelecer, em seu art. 8º, "c", para os países pactuantes, entre eles, o Brasil, a obrigação de assegurar:

> O direito dos sindicatos de exercer livremente suas atividades, sem outras limitações além daquelas previstas em lei e que sejam necessárias numa sociedade democrática, no interesse da segurança nacional ou da ordem pública, ou para proteger os direitos e as liberdades das demais pessoas.[20]

A liberdade sindical pode ser considerada um dos temas mais relevantes que abrangem a OIT, evidenciada em especial pela Convenção nº 87 que dispõe sobre a liberdade sindical e a proteção ao Direito Sindical. A Convenção nº 87 da OIT prevê quatro garantias sindicais fundamentais. A primeira diz respeito à constituição das entidades sindicais sem autorização prévia do Estado. As entidades devem ser autônomas e advindas do interesse privado de empregados ou empregadores. No que condiz à filiação, deve ser facultativa e, portanto, abarcar o direito positivo ou negativo, entendendo-se positivo o direito de ingresso e o negativo, o direito de sair livremente da entidade sindical[21].

A segunda garantia sindical universal proposta pela Convenção nº 87 da OIT dispõe sobre a liberdade dos sindicatos na elaboração de seus próprios estatutos e regulamentos administrativos. Dispõe também sobre a liberdade para eleger seus representantes e a liberdade para organizar seus programas de ação e suas atividades internas, sem qualquer forma de intervenção das autoridades públicas. Trata-se de uma garantia que tem como finalidade a autonomia administrativa das associações sindicais sem nenhum tipo de intervenção estatal.

A terceira garantia sindical consiste na proteção contra a extinção ou suspensão das entidades sindicais mediante intervenção do Estado por via

---

20 BRASIL. Presidência da República Casa Civil. Disponível em: < http://www.planalto.gov.br/ccivil_03/decreto/1990-1994/D0591.htm. Acesso em: 02 mar. 2015.

21 Liberdade sindical e proteção ao direito de sindicalização. Disponível em: www.oitbrasil.org.br/content//liberdade-sindical-e-proteção-ao-direito-de-sindicalização. Acesso em: 13 set. 2015.

administrativa. Essa garantia tem por finalidade impedir o controle arbitrário do Estado nas entidades sindicais.

Por último, cumpre ressaltar a quarta garantia sindical fundamental proposta pela Convenção nº 87 da OIT, que se dispõe a assegurar o direito das associações sindicais de criar federações ou ainda, se filiar livremente a organizações internacionais. A previsão dessa garantia visa à preservação do relacionamento entre organizações sindicais internas e organismos sindicais internacionais[22].

Nas palavras de José Afonso da Silva, a liberdade de associação, nos termos delimitados pelo legislador constitucional de 1988, apresenta quatro direitos e duas garantias coletivas, quais sejam: (1) o direito de criar associações independente de autorização; (2) o direito de aderir a qualquer associação, não podendo ser obrigado a tal; (3) o direito de desligar-se da associação, sendo vedada a permanência compulsória; e (4) o direito de dissolver espontaneamente a associação. Apresentam-se ainda as garantias de não interferência estatal no funcionamento das associações, bem como da dissolução ou suspensão de suas atividades somente por decisão judicial, exigindo-se, no primeiro caso, o devido trânsito em julgado (SILVA, 1994, p. 242).

Pode-se observar que a liberdade sindical exaltada pela Convenção nº 87 da OIT é composta pela garantia da livre criação de associações sindicais sem prévia autorização do poder público, sendo orientada somente por seus respectivos estatutos, vendando-se sua dissolução ou suspensão pela via administrativa. As organizações sindicais têm ainda o direito de elaborar estatutos próprios, de eleger seus representantes além de organizar a sua gestão e atividade sem qualquer intervenção das autoridades públicas[23].

Pode-se entender os tratados internacionais como acordos internacionais com obrigações jurídicas vinculantes e são considerados a maior fonte de Direito Internacional. Os tratados celebrados entre Estados vinculam as partes que aderiram que devem cumpri-los de boa-fé (*pacta sunt*

---

[22] *Liberdade sindical e proteção ao direito de sindicalização*. Disponível em: www.oitbrasil.org.br/content//liberdade-sindical-e-proteção-ao-direito-de-sindicalização. Acesso em: 20 fev. 2015.

[23] *Liberdade sindical e proteção ao direito de sindicalização*. Disponível em: www.oitbrasil.org.br/content//liberdade-sindical-e-proteção-ao-direito-de-sindicalização. Acesso em: 13 set. 2015.

*servanda*). Os tratados internacionais, além de assinados, precisam ser ratificados[24] pelos Estados signatários para fins de eficácia interna. No Brasil, essa deliberação cabe ao Presidente da República, mas a matéria deve ser previamente analisada e aprovada pelo Congresso Nacional (CF, arts. 26 e 27).

As convenções da OIT apresentam natureza jurídica de tratados internacionais multilaterais abertos, de caráter normativo. Multilaterais porque apresentam um número irrestrito de países, abertos porque podem ser ratificados sem delimitação de tempo por qualquer Estado membro da OIT e de caráter normativo porque contém normas cujo destino é a incorporação ao Direito interno dos Estados signatários. As Convenções da OIT têm o caráter de Declaração Internacional de Direitos Humanos, pois tratam de direitos fundamentais dos trabalhadores (SÜSSEKIND, 1994, p. 29).

A Convenção nº 87 da OIT, relativa à liberdade sindical e à proteção do direito de sindicalização foi aprovada em 1948 e encaminhada ao Congresso Nacional em maio de 1949 para a ratificação que se fazia indispensável para sua vigência no Brasil. O documento se manteve em tramitação até 29 de agosto de 1984, quando foi surpreendentemente aprovado pela Câmara dos Deputados. Com isso, a ratificação da Convenção nº 87 e posterior vigência no ordenamento interno do País dependiam apenas da aprovação no Senado Federal e posterior sanção do Presidente da República. Ocorre que até o presente momento a matéria não foi objeto de apreciação pelo Senado e, portanto, permanece não integrando o ordenamento jurídico pátrio.

No âmbito internacional, confere-se à liberdade sindical natureza jurídica de direito fundamental com a maior intensidade possível, contudo, no Brasil a situação está um pouco mais aquém. A Constituição de 1988 prevê a liberdade de associação profissional ou sindical no art. 8º, mas mantém figuras essencialmente corporativistas como a unicidade sindical e a obrigatoriedade de registro, por exemplo. Esses institutos prejudicam a atividade sindical brasileira, ao passo que obstam a ratificação da Convenção nº 87 da OIT que permite a livre criação de entidades sindicais, pouco importando se já exista dentro da respectiva base territorial outra da mesma categoria, econômica ou profissional (BARROS, 2009, p. 1232).

---

[24] "A ratificação é o ato unilateral com que o sujeito de direito internacional, signatário de um Tratado, exprime definitivamente, no plano internacional, sua vontade de obrigar-se" (REZEK, José Francisco. *Direito Internacional Público*. 7. ed. São Paulo: Saraiva, 1998, p. 53).

A ratificação da Convenção 87 pelo Brasil sofre restrição das lideranças sindicais, já que se o pluralismo sindical fosse adotado em nosso país, não haveria mais o dever de sindicalização e o consequente dever de contribuir irrestritamente. A pluralidade sindical tornaria os sindicatos competidores entre si a fim de buscar associados e isso não parece interessar, haja vista que nos moldes atuais os sindicatos não têm qualquer ônus para perceberem as famigeradas contribuições de cunho sindical que não dependem da associação dos empregados.

Diante disso, o Brasil não se enquadra nos parâmetros dos sistemas de liberdade sindical, mas perante aos avanços trazidos pela Constituição de 1988 não deve ser visto como um sistema pura e simplesmente corporativista, pois isso não demonstraria a realidade atual dos nossos entes sindicais. As entidades sindicais brasileiras têm liberdade perante o Estado. O sistema brasileiro é neocorporativista na medida em que mescla elementos que identificam um sindicalismo de liberdade sindical com mecanismos residuais do corporativismo e com os sindicatos como pessoas jurídicas de direito privado atuando num modelo de unicidade sindical (NASCIMENTO, 2011, p. 186).

## 3.2 Autonomia privada coletiva

Muitas vezes a normatividade autônoma se mostra mais eficaz que a normatividade estatal, principalmente no que se refere à celeridade do processo de negociação privado em face do processo legislativo. O Estado deve garantir a atuação da autonomia privada, agindo na fixação de limites que impeçam a lesão de direitos de terceiro e da coletividade. O Direito não precisa ser criado exclusivamente pelo Estado, pelo contrário, a participação da sociedade é aceitável e até recomendável.

O Direito do Trabalho sempre foi um espaço privilegiado para a manifestação da autonomia privada coletiva. A origem dessa autonomia se deu no século XVIII durante Revolução Industrial, num contexto extremamente liberal. Os trabalhadores daquela época eram explorados com jornadas elevadas, salários ínfimos e sem condições de saúde ou segurança (SILVA, 1997, p. 212).

Nesse contexto, eram frequentes as manifestações por parte dos trabalhadores a fim de garantir seus direitos básicos. Assim, o Estado iniciou uma intervenção nas relações de trabalho, criando leis de proteção ao trabalhador. Mesmo com essa postura protetora do Estado, a autonomia privada dos trabalhadores se manteve inalterada, já que o instituto da negociação coletiva se mantinha consistente. O Estado não consegue regulamentar as particularidades das relações de trabalho devido à lentidão de seu processo legislativo. Por esse motivo o espaço conquistado pela força dos trabalhadores organizados coletivamente foi reconhecido pelo Estado e as leis passaram a ter o caráter de garantias mínimas alteráveis pelo exercício da autonomia privada coletiva (SILVA, 1997, p. 214-216).

Delgado assegura que o princípio da autonomia privada coletiva, ou como prefere o autor, o princípio da autonomia sindical, é um dos princípios especiais do Direito Coletivo do Trabalho, já que cumpre o papel de assegurar condições à própria existência do ser coletivo obreiro. Nas palavras do autor, o princípio da autonomia privada:

> Sustenta a garantia de autogestão às organizações associativas e sindicais dos trabalhadores, sem interferências empresariais ou do Estado. Trata ele, portanto, da livre estruturação interna do sindicato, sua livre atuação externa, sua sustentação econômico financeira e sua desvinculação de controles administrativos estatais ou em face do empregador. (DELGADO, 2004, p. 1309)

A autonomia do sindicato pode ser considerada como um aspecto positivo oriundo da liberdade sindical, visto que no sindicato não há intervenção direta de poderes estranhos à sua organização interna. Nas entidades sindicais vigora o poder-dever de criar estatutos próprios, eleger dirigentes, administrar livremente e instituir serviços destinados aos associados. A autonomia sindical pode ser entendida como a autodeterminação dos sindicatos, o direito de governar-se (BARROS, 2009, p. 1240).

Ao considerar a intervenção de terceiros na vida sindical, quase sempre a relacionamos à intervenção estatal, principalmente a julgar pela origem corporativista do sistema. Ocorre que a intervenção pode se dar de várias outras maneiras, como é o caso das federações, confederações ou Centrais Sindicais que podem se utilizar da hierarquia a fim de intervir nas ações dos sindicatos inferiores. Cumpre ressaltar também o intervencionismo que parte dos empresários, pois estes direcionam as atuações do sindicato ao passo que controlam suas lideranças em troca de vantagens particulares. Por fim, cabe salientar a intervenção estatal, que é a mais comum e pode se desenvolver de duas maneiras, diretamente, através das leis ou atos administrativos e indiretamente, consoante a subserviência dos dirigentes sindicais mediante benefícios ou cargos públicos (RUSSOMANO, 1997, p. 71).

O ordenamento jurídico brasileiro precisa de um sindicalismo plenamente autônomo, visto que as entidades sindicais quase sempre foram vinculadas ao Ministério do Trabalho. Não há como negar que as entidades sindicais se tornaram órgãos autônomos após a promulgação da Constituição Federal de 1988, embora ainda existam restrições consideráveis impostas por heranças de origem corporativista que permaneciam inalteradas no sistema sindical brasileiro.

A intervenção estatal nas entidades sindicais é marca do corporativismo de outros tempos e é tida como descabida pela maioria dos doutrinadores. Realmente, parece abominável haver algum tipo de direcionamento estatal em face dos sindicatos, já que estes devem se pautar pela total autonomia de gestão, principalmente a partir da Reforma Trabalhista, que potencializou a autonomia de negociação dos sindicatos, permitindo, inclusive a negociação de cláusulas coletivas que prevaleçam sobre a lei em vários assuntos relevantes.

Ocorre que existe uma linha bastante tênue que separa a intervenção estatal da segurança jurídica proposta pelo Estado, pois não há como negar a necessidade do Estado atuar em casos excepcionais zelando por algumas diretrizes do funcionamento sindical. Nesse sentido, cumpre ressaltar a orientação de Russomano:

> Em nossa opinião, mesmo no mais puro regime democrático, o Estado tem o direito (e o dever, inclusive) de exercer vigilância sobre o comportamento dos sindicatos, em defesa de suas próprias finalidades sociais. Quando o sindicato descumprir os fins legais e estatutários que o justificam; quando servir de instrumento político, aliciando eleitores e tornando-se porta estandarte de candidaturas partidárias; quando colocar em risco a segurança do Estado; quando não puder funcionar por falta de *quorum*; quando seus dirigentes se apropriarem indebitamente dos bens que constituem o patrimônio do sindicato; em outras situações análogas e extremas, não há como negar ao Estado competência para intervir na vida sindical, a fim de normalizar seu funcionamento a ajustá-lo ao fiel desempenho de sua missão histórica. (RUSSOMANO, 1997, p. 73)

Constata-se que o Estado deve sim vigiar e impor certa ordem no sistema sindical, ao passo que nunca tenha qualquer tipo de ingerência em suas decisões, que devem ser por si só, independentes. Alarmante é concluir que o ordenamento brasileiro ainda prevê a unicidade sindical, o poder normativo e as contribuições, entre outros, mas não consegue sequer resguardar o patrimônio das entidades sindicais, que são dilaceradas por diretores que nunca se preocuparam com o bem-estar dos trabalhadores e que, por vezes, se utilizam da arrecadação compulsória em benefício próprio sem maiores obstáculos.

## 3.3 Greve

### 3.3.1 Origem

As origens da greve são bastante controversas, mas há quem diga que uma das primeiras manifestações nesse sentido tenham se dado no êxodo dos hebreus ao abandonarem o Egito ou ainda quando os plebeus (493 a.C.) se retiraram de Roma para o Monte Aventino, em rebelião contra os privilégios políticos e sociais que eram dados aos patrícios. Esses fatos podem refletir a precocidade dos movimentos grevistas, mas não constituem greves no sentido em que temos atualmente (RUSSOMANO, 1997, p. 242).

Na Idade Média foram historiados alguns acampamentos clandestinos contra as corporações de ofício na França, Alemanha e Itália, os quais deram início à legislação restritiva do movimento. A greve, com as particularidades que lhe atribuímos nos dias de hoje surge na sociedade capitalista com o apogeu da Revolução Industrial, mesmo porque, até o século XVIII os movimentos de paralisação das atividades não possuíam o caráter de greve, visto que naquele período o modelo de relação de trabalho era escravocrata ou servil, dessa forma, os movimentos de paralisação do trabalho tinham caráter de motins ou rebeliões, não de greve propriamente dita (BARROS, 2009, p. 1304.).

Nesse sentido, cumpre ressaltar as palavras de Russomano:

> Na verdade, hoje se considera tranquilamente assente a ideia de que a greve, com as características que lhe atribuímos, é peculiar à Idade Moderna, coincidindo sua origem, mais precisamente, com o nascimento da grande indústria. Coube à Revolução Francesa, em nome da liberdade de trabalho, levada ao extremo do contratualismo, situar a greve entre as manifestações daquela liberdade. (RUSSOMANO, 1997, p. 243)

Na ascensão industrial europeia, as associações de trabalhadores viram na greve um importante meio de reivindicação de melhores condições de trabalho. Necessário salientar que a greve daquele período não advinha de uma mentalidade coletiva dos trabalhadores, mas de uma soma de direitos individuais, já que o Direito Coletivo não era reconhecido pelo sistema liberal.

No fim do século XVIII, França, Inglaterra e Itália reprimiram fortemente o movimento grevista considerando-o como delito. A partir do século XIX, a greve passou a ser tolerada e em seguida se tornou um direito, integrando o plano constitucional como direito legítimo dos trabalhadores em face dos empregadores.

No que concerne à origem da greve no cenário brasileiro, a Carta Constitucional de 1937, que era produto do modelo corporativista, proibia expressamente a greve e o locaute.[25] Em 1946, o Decreto-Lei nº 9070 previu o direito de greve, proibindo-a nas atividades fundamentais e autorizando-a somente quando houvesse julgamento de dissídio coletivo pendente.

Em seguida, a Lei nº 4.330, de 1964 não proibiu, mas criou exigências específicas ao exercício da greve nas atividades essenciais. Em 1978, o Decreto-Lei nº 1.632 relacionou as atividades essenciais até que a Constituição Federal de 1988, ao contrário da Constituição anterior, garantiu o direito de greve, inclusive nos serviços essenciais. A Constituição Federal de 1988 também garantiu o direito de greve aos servidores públicos nos termos de lei específica, bem como vedou expressamente aos militares (BARROS, 2009, p. 1308).

### 3.3.2 Conceito

Existe divergência doutrinária quanto à classificação da greve como meio de solução de conflito coletivo de trabalho. Para Amauri Mascaro Nascimento, Octávio Bueno Magano e Maurício Godinho Delgado, entre outros, a greve e o locaute consistem em mecanismos de autodefesa de interesses. Muitos autores, porém, discordam da referida conceituação e alegam que a greve e o locaute são apenas meios de pressão utilizados pelas partes para eliminar a resistência adversária à sua pretensão.

---

[25] Art. 139 - Carta Constitucional de 1937 – A greve e o *lock-out* são declarados recursos antissociais nocivos ao trabalho e ao capital e incompatíveis com os superiores interesses da produção nacional. O locaute é a paralisação provisória da empresa, estabelecimento ou setor, realizada por determinação empresarial, com o fim de exercer pressão sobre os trabalhadores, frustrando negociação coletiva ou dificultando o atendimento das reivindicações obreiras. A Lei de greve brasileira proíbe expressamente o locaute (art. 17, Lei nº 7783, de 1989).

Concordamos com a classificação encabeçada por Amauri Mascaro Nascimento, visto que é inegável que a autodefesa se trata de um dos mais importantes meios de pressão e convencimento possuído pelos trabalhadores, coletivamente considerados no enfrentamento com os empregadores. A greve é um mecanismo de autodefesa de interesses; de certo modo é um exercício direto das próprias razões, acolhido pelo ordenamento jurídico, cuja definição é dada pela legislação e pela doutrina.

Nesse sentido, cumpre destacar o direito de greve estampado na Constituição Federal de 1988:

> Art. 9º É assegurado o direito de greve, competindo aos trabalhadores decidir sobre a oportunidade de exercê-lo e sobre os interesses que devam por meio dele defender.
>
> §1º A lei definirá os serviços ou atividades essenciais e disporá sobre o atendimento das necessidades inadiáveis da comunidade.
>
> §2º Os abusos cometidos sujeitam os responsáveis às penas da lei.

O diploma legal mencionado no parágrafo primeiro do artigo supracitado se trata da Lei nº 7.783/89, cujo artigo 2º define o instituto em questão. Para os fins desta lei, "considera-se legítimo exercício do direito de greve a suspensão coletiva, temporária e pacífica, total ou parcial, de prestação pessoal de serviços a empregador".

Nos termos do artigo 2º da Lei nº 7.783/89, podemos extrair os elementos que caracterizam o instituto da greve. O primeiro elemento caracterizador da greve é a suspensão coletiva da prestação de serviço, o que torna claro o caráter pluralístico do movimento grevista. Cumpre ressaltar que durante a paralisação das atividades, em regra, o contrato de trabalho restará suspenso, o que acarreta a não prestação de serviços com a inexistência de pagamento do salário. Em alguns casos, a suspensão poderá ser convertida em interrupção e o pagamento será devido.

O segundo elemento caracterizador é a temporariedade, que se justifica pela natureza instrumental da greve. Se o movimento grevista não fosse amparado por essa característica própria, poderia acarretar eventual dispensa por justa causa dos grevistas, já que poderia se configurar como abandono de emprego ou até desídia nos termos do artigo 482 da CLT.

O caráter pacífico da greve é o terceiro elemento caracterizador. A greve, quando é realizada dentro dos parâmetros previstos no artigo 9º da Constituição Federal, não pode ser considerada violenta ou ilegal. O artigo

11 da Lei nº 7.783/89 limita o poder de atuação do movimento grevista determinando a prestação de serviços indispensáveis ao atendimento das necessidades inadiáveis da sociedade, especialmente no que concerne aos serviços e atividades essenciais (art. 10, Lei nº 7.783/89).

O quarto elemento que caracteriza a greve é quantitativo, e se refere à possibilidade de suspensão das atividades de forma total ou parcial, a qual se encontra a opção de trabalhar ou não, típica de um sistema de relação de trabalho constituído pela liberdade. A greve pode atingir apenas um setor, bem como a totalidade do estabelecimento empresarial.

Outro ponto que merece destaque sobre a greve é que a doutrina majoritária restringe o movimento grevista apenas às atividades profissionais, ou seja, não há que se falar em movimentos grevistas que tratem de interesses políticos, sociais ou de solidariedade, por exemplo, embora não haja restrição legal.

Nas palavras de Cesarino Júnior, a greve se classifica como uma das formas violentas dos conflitos de trabalho, definida como a recusa coletiva e combinada do trabalho com a finalidade de obter, pela coação exercida sobre os patrões, sobre o público ou sobre os poderes do Estado, melhores condições de emprego (CESARINO JÚNIOR, 1980, p. 566). Russomano define o instituto da greve como a "suspensão transitória do serviço, provocada pela maioria dos trabalhadores de uma empresa ou de uma categoria profissional, tendo por finalidade a alteração ou criação de condições de trabalho" (RUSSOMANO, 1997, p. 247).

Cesarino Júnior e Russomano não reconhecem o caráter pacífico do movimento grevista e preferem entendê-lo como instituto violento de manifestação de vontade dos trabalhadores. É importante salientar que a greve realizada dentro dos limites legais não configura qualquer tipo de violência, e sua vinculação a tal instituto pode gerar distorção na interpretação de movimentos legítimos.

No plano do Direito Internacional, em geral, a greve é considerada meio de pressão dos trabalhadores sobre a outra parte com a qual se negocia no curso de um conflito trabalhista. Em Portugal, por exemplo, ressalte-se a definição empregada por Antônio Monteiro Fernandes ao tratar a greve como abstenção coletiva e concertada da prestação de trabalho, através da qual um grupo de trabalhadores intenta exercer pressão no sentido de obter a realização de certo interesse ou objetivo comum.

### 3.3.3 Greve como direito fundamental

A natureza jurídica da greve é de um direito fundamental de caráter coletivo, resultante da autonomia privada coletiva inerente às sociedades democráticas. É exatamente nesta qualidade e com esta dimensão que a Constituição Federal de 1988 reconhece o movimento grevista (DELGADO, 2011, p. 214). A greve visa nada mais que a proteção de salários e das condições básicas de trabalho do cidadão.

Alice Monteiro de Barros ensina que a "natureza jurídica de greve é a de um direito coletivo, sendo no passado, reconhecida como um direito individual, de exercício coletivo" (BARROS, 2009, p. 1309).

Para Batalha, a greve não é um direito abstrato, mas um direito coletivo funcional e instrumental, já que desempenha uma função social e só no sentido dessa função social pode legitimar-se. Nas palavras do autor, a greve não se trata de um direito em si, que encontre satisfação em seu próprio exercício, é um direito instrumental, cujo exercício se destina à obtenção de resultados finalísticos (BATALHA, 1994, p. 229).

No entendimento de Russomano, são duas as correntes que podem classificar a natureza jurídica da greve: como fato jurídico (humano e voluntário) ou direito subjetivo (exercido coletivamente pelos trabalhadores). Russomano não abre espaço para interpretar a greve como direito subjetivo dos trabalhadores, precisamente por considerá-la violenta. De acordo com o autor, a greve só se justifica como resultado da insuficiência da ordem jurídica; sua extensão e sua legitimidade crescem em proporção direta à incapacidade do Estado de resolver conflitos trabalhistas. Assim, o autor considera a greve como mero fato jurídico (RUSSOMANO, 1997, p. 252).

Amauri Mascaro Nascimento entende que a greve se consagrou como direito, ao passo que a norma jurídica prevê suas prerrogativas e seus limites. Portanto, o autor salienta que a greve é um direito porque é garantida, disciplinada e limitada pela lei, pelas cláusulas dos acordos coletivos e pela jurisprudência dos tribunais (NASCIMENTO, 2011, p. 579).

Entretanto, não parece razoável vincular a validade do movimento grevista ao simples fato de se encontrar positivado. A greve é um instrumento peculiar, que pode alcançar sua finalidade independentemente da regulamentação. A greve existe para dar voz aos empregados frente aos seus empregadores, haja vista que por vezes se torna impossível a comunicação autônoma e igualitária entre os sujeitos da relação de emprego.

Além disso, ela assegura que as negociações aconteçam de forma ágil e efetiva (GOMES, 2013, p. 211).

Nesse sentido, cumpre ressaltar a figura da greve informal, ou seja, aquela que ocorre de forma espontânea, sem a participação do sindicato. Na chamada greve informal, os próprios trabalhadores, por conta própria decidem paralisar as atividades até terem atendidas suas reivindicações. Um exemplo recente de greve informal se deu no Rio de Janeiro em 2014, quando os garis, que não reconheciam o comando do Sindicato dos Empregados das Empresas de Asseio e Conservação do Município do Rio de Janeiro, cessaram suas atividades de forma autônoma na busca de reajuste salarial.

Considerando que a teoria da greve como direito prevalece em nosso ordenamento, cabe salientar conceitos diversificados a fim de trazer o tipo de direito que a greve configura. Como teorias que se destacam podemos citar o direito de igualdade, direito instrumental, direito potestativo e até superdireito.

Na ideia de greve como direito de igualdade se defende que o movimento grevista aproxima os trabalhadores coletivamente considerados aos respectivos empregadores. Seria o instituto que consegue equivaler as forças entre os entes coletivos. Para Delgado essa noção é bastante plausível, entretanto, não esgota por si só o instituto, dado à complexidade e amplitude do tema (DELGADO, 2011, p. 214).

No mesmo sentido pode-se considerar a greve como direito instrumental, visto que se trata de um mecanismo de pressão que visa alcançar reivindicações coletivas dos trabalhadores. Contudo, esse conceito é insuficiente para definir toda complexidade envolvida nas condutas e nos efeitos do movimento grevista. Assim, a greve é reconhecidamente instrumental, sem significar dizer que esta seja sua natureza jurídica (DELGADO, 2011, p. 215).

Na ideia de greve como direito potestativo existe uma correlação com a autotutela inerente ao movimento, entretanto, não há mais espaço para entendimentos desse tipo em ordenamentos civilizados conforme se extrai das palavras de Delgado: "Há traços de potestatividade, é claro, nos movimentos paredistas; contudo, o Direito não mais permite que tal relevante conduta coletiva mantenha-se na dimensão incontrastável que é própria aos direitos potestativos" (DELGADO, 2011, p. 215).

Partindo do pressuposto de que a greve se trata de um direito fundamental consagrado nos ordenamentos jurídicos democráticos, não há como considerá-lo um direito potestativo, visto que este pressupõe ausência total da possibilidade de reação da parte contrária, o que efetivamente não ocorre no caso, conforme explica Nascimento:

> Se é certo que o empregador não pode evitar a paralisação do trabalho, não é possível dizer que a ele não são dados meios de reação. Há esses meios, conferidos pelas leis, que admitem a dispensa dos grevistas. A greve tem um caráter defensivo que a situa como forma de autodefesa, assim compreendidas as autorizações da ordem jurídica para que alguém empreenda uma reação diante de uma atitude constrangedora. (NASCIMENTO, 2011, p. 581)

No que concerne à ideia da greve como superdireito, esta parte da concepção jusnaturalista que valoriza o justo acima do legal, portanto, permite a greve como meio de resistência contra eventuais injustiças. Essa ideia torna o direito de greve superior aos direitos tradicionais dos empregadores. Contudo, não se pode olvidar que a greve sofre limitações legais, bem como que só será admitida no atendimento dos anseios profissionais, já que sua utilização com outra finalidade poderia afetar a estabilidade do sistema jurídico.

Depois dessa breve análise de algumas teorias sobre a natureza jurídica da greve, cumpre ressaltar aquela que prevalece em nosso ordenamento jurídico, qual seja a da greve como direito fundamental de caráter coletivo, que resulta da autonomia privada coletiva. Como síntese da questão em debate, destacam-se as palavras de Carlos Henrique Bezerra Leite: "Ora, se a greve tem por escopo básico a melhoria das condições sociais do homem trabalhador, implica a inferência de que ela constitui um direito fundamental do trabalhador enquanto pessoa humana"[26].

Nesse sentido, oportuno enfatizar a decisão do Tribunal Superior do Trabalho:

> EMENTA: RECURSO ORDINÁRIO EM DISSÍDIO COLETIVO DE GREVE. ABUSIVIDADE DO MOVIMENTO PAREDISTA. AUSÊNCIA DE PROVA QUANTO À REALIZAÇÃO DE ASSEMBLEIA PARA DELIBERAR SOBRE A DEFLAGRAÇÃO

---

[26] O entendimento é de Carlos Henrique Bezerra Leite. *A greve do servidor público civil e os direitos humanos*. Disponível em: http://www.planalto.gov.br/ccivil_03/revista/Rev_34/artigos/Art_carlos.htm. Acesso em: 30 maio 2015.

> DA GREVE. AUSÊNCIA DE NOTIFICAÇÃO PRÉVIA DA EMPREGADORA. ARTS. 3º E 4º DA LEI 7.783 /89. A Constituição reconhece a greve como direito fundamental de caráter coletivo, resultante da autonomia privada coletiva inerente às sociedades democráticas. É direito que resulta da liberdade de trabalho, mas também, na mesma medida, da liberdade associativa e sindical e da autonomia dos sindicatos, configurando-se como manifestação relevante própria às democracias. Trata-se de instrumento de pressão que visa a propiciar o alcance de certo resultado concreto, em decorrência do convencimento da parte confrontada. É movimento concertado para objetivos definidos, em geral, de natureza econômico-profissional ou contratual trabalhista. O Texto Constitucional de 1988 firma, sem dúvida, extensão bastante larga para o direito de greve no segmento privado. Diz a Constituição que compete aos trabalhadores decidir sobre a oportunidade de exercer o direito e sobre os interesses que devam por meio dele defender (art. 9º, *caput*). A ordem jurídica infraconstitucional estabelece alguns requisitos para a validade do movimento grevista. Em seu conjunto não se chocam com o sentido da garantia magna: apenas civilizam o exercício de direito coletivo de tamanho impacto social. Nessa linha, há abusividade no exercício do direito de greve se não observados os requisitos estabelecidos pela ordem jurídica do País para a validade do movimento paredista. No caso concreto, não houve prova quanto à realização de assembleia para deliberar a deflagração da greve, tampouco houve notificação prévia da empregadora. Recurso ordinário desprovido. (Tribunal Superior do Trabalho. Recurso Ordinário: 75100520115020000, Seção Especializada em Dissídios Coletivos, Relator: Ministro Mauricio Godinho Delgado – *DEJT* 16/08/2013).

Por todas essas características a greve é, sem dúvida, um princípio fundamental inerente a todo trabalhador, independentemente de positivação. Ela é assim classificada na Constituição Federal de 1988, estando prevista no art. 9º do Capítulo II – Dos direitos sociais, que está inserido no Título II – Dos direitos e garantias fundamentais.

### 3.3.4 Objetivos e limites da greve

A greve se constitui por essência como mecanismo que tem por objetivo a reivindicação de melhores condições de trabalho. Considerando que a greve é amplamente acolhida pelo ordenamento jurídico como direito inerente aos trabalhadores, qualquer outra finalidade que possa ser conferida ao instituto se torna descabida. Nesse sentido, corroboram-se os ensinamentos de Batalha:

> É preciso deixar nítido o ponto de vista de que a greve, como direito, incluído na sistemática do Direito do Trabalho, só pode ter objetivos de natureza social trabalhista. É meio de ação, obedecidos os respectivos contornos jurídicos, para estabelecer modificações nas condições socioeconômicas do trabalho. É meio de ação, caracterizando-se como direito multissubjetivo de caráter instrumental, vinculando-se a finalidade caracterizada por sua destinação de natureza a melhorar as condições contratuais da categoria envolvida. (BATALHA, 1994, p. 235)

Embora a greve se desenvolva mediante o aspecto trabalhista, sob o ponto de vista constitucional, não necessita ser exclusivamente ligada ao contrato trabalhista, desde que se vincule a fatores de significativa repercussão na vida dos trabalhadores, o movimento pode ser considerado válido (DELGADO, 2011, p. 200). A greve é uma realidade sociológica e suas consequências inevitavelmente se irradiam das mais variadas maneiras para o campo jurídico, necessitando assim, que o Direito se ocupe em estudá-la e apresentar soluções para suas implicações.

Existem modalidades de greve que não têm como função principal buscar melhores condições de trabalho. Esses tipos peculiares podem ser oriundos de fatos sociais que não estão diretamente ligados a reivindicações trabalhistas em si, mas a fatos políticos ou econômicos, por exemplo. De tal modo, existem as modalidades de greve que são chamadas de atípicas, haja vista que são caracterizadas pela não colaboração dos trabalhadores com o empregador. Esse modelo de greve não preenche os requisitos do art. 2º da Lei nº 7.783/89, já que não há a paralisação total ou parcial das atividades pelos motivos habituais.

Como exemplos de greves atípicas pode-se mencionar a greve de fome, que é a cessação voluntária da alimentação por parte de um indivíduo, geralmente utilizada como meio de protesto; a greve política (considerada irregular no Brasil), que não é realizada contra o empregador, mas contra os poderes públicos em geral; a greve de solidariedade, que é aquela em que um grupo de trabalhadores se põe em greve sem nenhuma pretensão que influa na sua relação de trabalho, mas para se solidarizar com as reivindicações de outros grupos; e a greve de rendimento (braços cruzados), que é aquela em que os empregados param de trabalhar, mas ficam em seus postos de trabalho, dentre outras modalidades.

Muito se discute sobre a legitimidade desses movimentos, já que não há paralisação plena da prestação de serviços. No entanto, o assunto pode ser relativizado, pois o que deve ser levado em conta para caracterizar o movimento grevista é o fato dos trabalhadores se organizarem buscando alguma mudança de postura por parte do empregador. Se essa coerção puder se efetivar sem a paralisação total das atividades a finalidade será alcançada da melhor forma possível, já que a não colaboração é manifestamente menos prejudicial do que paralisação integral das atividades (GOMES, 2013, p. 213).

O direito de greve, apesar de ser elevado ao posto de direito fundamental, não é exercível de forma ampla e aleatória. Como todos os direitos fundamentais garantidos pela nossa Constituição, o direito de greve é mitigável em face dos direitos fundamentais de outrem. Nesse sentido, no que concerne às limitações impostas constitucionalmente, se destacam as que dizem respeito aos serviços ou atividades essenciais, bem como do atendimento das necessidades inadiáveis da comunidade. A Constituição não proíbe a greve, mas impõe limites ao movimento tendo em vista a garantia mínima das necessidades da população.

Outra limitação advinda da Constituição é a previsão de que os abusos cometidos durante o movimento grevista sujeitarão os responsáveis às penas da lei. Essa limitação visa legitimar o movimento, já que a racionalidade utilizada na greve é o que a sustenta dentro de um ordenamento jurídico.

Existem também alguns abusos no direito de greve, já que não se enquadram no conceito do instituto. São exemplos de abuso no movimento grevista: a ocupação de estabelecimento empresarial; a sabotagem; o boicote; a violência física ou contra o patrimônio; e o piquete que impeça o acesso de empregado. Os atos mencionados não estão abrangidos no conceito de greve, já que esta compreende apenas a abstenção coletiva dentro dos limites legais (NASCIMENTO, 2011, p. 595).

O que também não é contemplado no conceito de greve é o famigerado estado de greve. O estado de greve é diferente da greve propriamente dita. O estado de greve é uma situação aprovada pelos trabalhadores com vistas a alertar os empregadores e as autoridades que a qualquer momento a greve poderá ser deflagrada, respeitando-se os limites legais. Ocorre que o estado de greve não é regulamento, portanto, não é um instituto jurídico, assim, suas repercussões jurídicas não estão previstas na Constituição Federal nem tampouco na Lei nº 7.783/89.

Os contratos de trabalho vigem normalmente no estado de greve, assim, cabe ao empregado realizar suas atividades de rotina e ao empregador efetuar a contraprestação devida. Por não se confundir com a greve propriamente dita, nem com as suas formas atípicas, não há qualquer previsão para que os trabalhadores em estado de greve suspendam a execução dos serviços nem tampouco se utilizem dos benefícios da Lei nº 7.783/89.

Em regra, a jurisprudência trabalhista não tem o hábito de distinguir as figuras da greve e do estado de greve. Contudo, existe um aresto proferido pelo TST que é um dos poucos que enfatiza essa distinção, ao passo que reconhece que o estado de greve apresenta conotação distinta da greve e que por esse motivo não resta protegido pela lei nº 7.783/89, conforme se extrai:

> ESTADO DE GREVE. DESPEDIDA. FRUSTRAÇÃO DO MOVIMENTO GREVISTA
>
> 1. Despedidas efetivadas quando os empregados achavam-se em estado de greve, no interregno entre greve de um dia e greve anunciada para o futuro. 2. A proteção concedida pela Lei nº 7783/89 (art. 7º) destina-se ao contexto específico de uma paralisação concertada e coletiva do trabalho, a fim de que, durante o exercício do direito de greve, não se permita ao empregador proceder despedidas retaliativas ou frustrantes da própria greve. Não protege os empregados que se acham trabalhando normalmente, ainda que em -estado de greve- ante a perspectiva de futuro e planejado movimento paredista. 3. Vulnera diretamente o artigo 7º, da Lei nº 7.783/89, decisão que determina a reintegração de empregados despedidos em -estado de greve-. 3. Recurso de revista conhecido e provido para afastar a ordem de reintegração. (Tribunal Superior do Trabalho. Recurso de Revista: 5030247319985175555. 1ª Turma, Relator: Ministro João Oreste Dalazen – *DJ* 14/05/2001).

A postura adotada pelo Colendo TST distingue o estado de greve da greve. Todavia, não parece razoável considerar que um trabalhador que faz parte de um grupo que acaba de declarar o estado de greve possa ser sumariamente despedido sem que isso não tenha nenhuma conotação com a iminência do movimento grevista. Nesse caso, ficou evidenciada a vontade do empregador de frustrar o movimento intimidando os trabalhadores remanescentes.

Por esse motivo, utilizando-se dos ensinamentos do professor Fábio Rodrigues Gomes, temos que o art. 7º da Lei nº 7.783/89 deve ser interpretado buscando a sua coerência normativa com o ordenamento jurídico como um todo a fim de estabelecer o sentido lógico desse direito. De tal modo, equiparar o estado de greve à greve parece ser o mais sensato, principalmente nos casos que visam trazer proteção aos integrantes do movimento grevista (GOMES, 2013, p. 215).

### 3.3.5 Procedimento legal

O sindicato é responsável por convocar assembleia a fim de deliberar sobre a greve. Em caso de inexistência de entidade sindical, os trabalhadores interessados firmarão uma comissão representativa nas negociações coletivas ou dissídios coletivos. Não obtendo êxito a negociação, ou a impossibilidade de recurso à via arbitral, resta permitido aos trabalhadores o direito efetivo de paralisação coletiva das atividades.

A greve se instrumentaliza por meio de aviso antecedente de 48 horas ao empregador ou sindicato patronal, e de 72 horas, nos casos que envolvam atividades essenciais. No caso das atividades essenciais, a comunicação deverá abarcar não só os empregadores ou seus representantes, mas também os usuários interessados.

O art. 9º da Lei nº 7.783/89 prevê que durante o período de greve, o sindicato ou a comissão de negociação manterá as atividades mínimas a fim de garantir a manutenção dos serviços cuja paralisação resulte em prejuízo irreparável. Se não houver acordo ou caso seja constatado o abuso do direito de greve, o empregador poderá contratar diretamente os serviços necessários à referida manutenção. Aos grevistas também restará o atendimento às necessidades inadiáveis da comunidade, no contexto de greve em serviços ou atividades essenciais (art. 9º, §1º, CF/88 c/c arts. 9, 10, 11 e 12, Lei nº 7.783/89).

Quanto aos efeitos desencadeados no contrato de trabalho dos que aderem ao movimento grevista, o art. 7º da Lei nº 7.783/89 dispõe que a greve suspende o contrato de trabalho, devendo as relações obrigacionais daquele período ser regidas por acordo, convenção, laudo arbitral ou decisão da Justiça do Trabalho.

No que concerne à responsabilidade pelos atos praticados durante a greve, esta será apurada de acordo com a legislação trabalhista, penal ou civil. No que diz respeito à responsabilidade civil, os sindicatos, como pessoas jurídicas de direito privado responderão pelos ilícitos civis cometidos por sua diretoria. Nesta senda, oportunas as palavras de Nascimento:

> As entidades sindicais, pelos excessos praticados no exercício das atividades inerentes à vida sindical e que tragam prejuízos resultantes de ações ilícitas ou caracterizadas pelo abuso do direito, sujeitam-se às reparações civis previstas no Código Civil, consubstanciadas na regra segundo a qual quem causar dano a outrem terá de repará-lo. (NASCIMENTO, 2011, p. 597)

O dano a ser reparado é aquele proveniente de culpa, dolo ou abuso de direito, já que todo movimento grevista acarreta prejuízo ao empregador, mas se a greve, que é um ato jurídico constitucional, se opera de forma legal, não há que se falar em responsabilização civil da entidade sindical. No que concerne à responsabilidade trabalhista e penal, por serem de caráter particular, se limitam aos autores dos fatos.

# 4
# DISPOSIÇÃO DOS SINDICATOS NO BRASIL

## 4.1 Conceito

A fim de conceituar corretamente o sindicato, devemos considerar as categorias profissionais e econômicas, visto que muitos autores o conceituam apenas sob o olhar do sindicalismo profissional. Corroborando essa concepção, cabe destacar o entendimento de Alice Monteiro de Barros ao nos ensinar que: "o sindicato vem sendo definido legalmente como uma forma de associação profissional devidamente reconhecida pelo estado como representante legal da categoria" (BARROS, 2009, p. 1237).

Essa conotação pautada no sindicalismo obreiro se dá porque desde a origem das relações sindicais, foi a classe trabalhadora que impulsionou o movimento em busca de melhores condições de trabalho. Contudo, existem também os sindicatos empresariais no outro polo da relação coletiva de trabalho.

O conceito de sindicato deve ser mais abrangente, considerando empregados e empregadores, conforme se extrai das lições de Delgado: "sindicatos seriam entidades associativas permanentes, que representam, respectivamente, trabalhadores "latu sensu", e empregadores, visando à defesa de seus correspondentes interesses coletivos" (DELGADO, 2004, p. 1323).

Amauri Mascaro Nascimento define que "sindicato é uma organização social constituída para, segundo um princípio de autonomia privada coletiva, defender os interesses trabalhistas e econômicos nas relações coletivas entre os grupos sociais" (NASCIMENTO, 1989, p. 135).

Assim, fica evidente que a definição de sindicato envolve a ideia de categoria, seja ela limitada aos empregados (categoria profissional), ou relacionada aos empregadores (categoria econômica).

## 4.2 Natureza jurídica e constituição das entidades sindicais

O ordenamento jurídico brasileiro reconhece personalidade com efeitos amplos a certas entidades que são denominadas pessoas jurídicas. Nesse sentido, cabe mencionar a definição de Sílvio Rodrigues acerca das pessoas jurídicas:

> Pessoa Jurídica é o ente incorpóreo, que como as pessoas físicas, pode ser sujeito de direitos, adquirindo patrimônio autônomo e exercendo direitos em nome próprio. São entidades a que a lei empresta personalidade, isto é, são seres que atuam na vida jurídica, com personalidade diversa da dos indivíduos que as compõem, capazes de serem sujeitos de direitos e obrigações na ordem civil. (RODRIGUES, 2001, p. 64)

As pessoas jurídicas podem ser de direito público, interno ou externo[27] ou de direito privado[28]. Aplica-se às pessoas jurídicas, no que couber, a proteção dos direitos da personalidade. Analisando essa disposição tradicional, cabe a discussão quanto à classificação do sindicato enquanto pessoa de direito público ou de direito privado.

O direito público e o direito privado não apresentam limites definidos, e por vezes essa distinção dependerá do ordenamento jurídico de cada país. No Brasil há uma conexão entre o direito público e o direito privado e não existe prevalência de um sobre o outro.

---

[27] As pessoas jurídicas de direito público interno (art. 41 do CC) se dividem em entes de administração direta: União, Estados, Distrito Federal, Territórios e Município além dos entes de administração indireta, como é o caso das autarquias e das demais entidades de caráter público autorizadas por lei. Sua existência legal (personalidade), ou seja, sua criação ou extinção decorre da lei. Nos termos do Código Civil de 2002 (art. 42), são pessoas jurídicas de direito público externo os Estados estrangeiros e todas as pessoas que forem regidas pelo direito internacional público.

[28] A fim de esclarecer os dois principais ramos do direito devemos ter em mente a preponderância dos interesses em questão. Predominando-se os interesses particulares, tem-se o direito privado. Ao contrário, na predominância dos interesses que afetam todo o grupo social, temos o direito público.

Analisando historicamente, podemos perceber os traços nos dois sentidos na regulamentação da natureza jurídica das entidades sindicais. Nos regimes ditatoriais, a lei estabelece o sindicato como órgão de colaboração do Estado ou do partido dominante, assim, o torna submisso, transformando-o em pessoa jurídica de direito público. Nos sistemas democráticos, as entidades sindicais são regidas pelas leis nacionais e consideradas por elas como pessoas jurídicas de direito privado. Nesse caso, existe uma distância razoável entre o sindicato e a influência política do Estado (RUSSOMANO, 1997, p. 55).

No Brasil, o sindicato é pessoa jurídica de direito privado e seu estatuto deve ser registrado no Cartório de Registro Civil de Pessoas Jurídicas, como qualquer outra entidade associativa. O registro no Ministério do Trabalho sempre foi pressuposto para adquirir personalidade sindical e a representatividade da categoria[29]. Todavia, conforme mencionado anteriormente, o Ministério do Trabalho e Emprego foi extinto pela Medida Provisória 870 causando a fragmentação da matéria, com isso, o órgão responsável pelos registros sindicais e apurações de irregularidades passa a ser o Ministério da Justiça.

Nas palavras de Russomano, podemos extrair que "o sindicato é pessoa de direito privado que exerce atribuições de interesse público, em maior ou menor amplitude, consoante a estrutura política do país e segundo o papel, mais ou menos saliente, que lhe seja atribuído" (RUSSOMANO, 1997, p. 59).

Sobre a questão, invoca-se ainda os ensinamentos de Nascimento, considerando que o sindicalismo brasileiro, inspirado no modelo fascista italiano, já integrou o plano do direito público:

> Os sindicatos no Brasil já foram pessoas jurídicas de direito público no período do Estado Novo. A Constituição de 1946 atribuiu-lhe funções delegadas de Poder Público, mas apesar dessas atribuições, tornaram-se pessoas jurídicas de direito privado porque não são criados pelo Estado, sua criação não decorre de lei e o seu ato constitutivo é a assembleia que aprova os estatutos, a diretoria provisória e a sua fundação. (NASCIMENTO, 2011, p. 372)

---

[29] "O sindicato só terá suas prerrogativas com o registro no órgão competente, na forma do disposto na Constituição Federal, art. 8º, I, e esse órgão, por jurisprudência, é o Cadastro Nacional das Entidades Sindicais do Ministério do Trabalho e Emprego" (NASCIMENTO, 2011, p. 373).

Destarte, percebe-se que o sindicato se trata de um órgão que colabora com o Estado, sem com isso perder sua essência, principalmente no que concerne às reivindicações e negociações. Os sindicatos são frutos da vontade particular, são oriundos de indivíduos que compõem grupos com interesses conexos criando categorias econômicas ou profissionais, efetivando dessa forma, sua natureza jurídica de direito privado.

No que diz respeito à criação do sindicato, esta tem início com a publicação do edital de convocação para Assembleia Geral com a finalidade de fundar o respectivo sindicato, sem qualquer tipo de interferência ou intervenção estatal. O edital de convocação determinará a base territorial e criará o estatuto social da entidade sindical, elegendo também os respectivos dirigentes integrantes da diretoria. Em seguida, a entidade sindical será devidamente registrada no cartório de registro civil, nos moldes extraídos do código civil brasileiro a fim de se conferir a existência legal da pessoa jurídica e a respectiva publicidade.

De tal modo, entende-se criado o sindicato, contudo, ainda não reconhecido para cumprir as prerrogativas extraídas da Lei. No Brasil, quando se vislumbra a criação da entidade sindical, isso não se restringe ao registro enquanto associação privada, mas também ao reconhecimento da personalidade sindical.

A personalidade sindical se vincula ao reconhecimento da validade de fundação e ao efetivo registro sindical que até então era conferido pelo Ministério do Trabalho e Emprego. Quanto à competência para registrar as entidades sindicais, o STF decidiu por meio da Súmula 677 que até que não exista legislação própria, o Ministério do Trabalho efetuará os registros das entidades sindicais e zelará pelo princípio da unicidade sindical (CARRION, 2008, p. 1186). Essa competência agora pertencerá ao recém-criado Ministério da Justiça.

As entidades sindicais brasileiras são registradas nos respectivos cartórios de registro civil de pessoas jurídicas, e posteriormente registradas no Cadastro Nacional das Entidades Sindicais, sendo este o registro competente para zelar pelo princípio da unicidade, impedindo, assim, a duplicidade de entidades sindicais na mesma base territorial.

## 4.3 Sistema confederativo sindical

No que concerne à estrutura sindical brasileira, o sistema se manteve sob o cerne do modelo corporativista mantido na Constituição de 1988. O sistema confederativo sindical é simbolicamente representado pela figura de uma pirâmide, organizado de forma vertical, tendo como órgão de base os sindicatos. Num segundo plano, ficam as federações e, em terceiro plano, as confederações. As Centrais Sindicais não integram o sistema confederativo sindical brasileiro, elas são entidades de representação geral dos trabalhadores, de âmbito nacional, que não dispõem de poderes inerentes às entidades sindicais, principalmente a representação jurídica.

Os sindicatos, que são as entidades sindicais de primeiro grau, agrupam empresas ou trabalhadores de mesmas categorias em um ou vários municípios, no Estado, ou nacionalmente. As federações compreendem o agrupamento de pelo menos cinco sindicatos da mesma categoria profissional, diferenciada ou econômica. Já as confederações atuam em nível nacional, com sede em Brasília, ditando os procedimentos daquele ramo por ela abrangido, seja profissional ou econômico. As confederações são resultado do agrupamento de, no mínimo, três federações de sindicatos, respeitadas as respectivas categorias. Cumpre ressaltar que as federações e as confederações não têm legitimidade para atuar diretamente na negociação coletiva, competência originária dos sindicatos. Entretanto, exercem uma função subsidiária, segundo a qual, não havendo sindicato próprio da categoria em uma determinada base territorial, poderão as federações, e, na falta dessas, as confederações, participarem das negociações.

As Centrais Sindicais não fazem parte do modelo corporativista remanescente do ordenamento jurídico brasileiro, até porque sempre foram meras associações civis, registradas em cartório sem nenhum poder legal de representação. Sem pertencerem ao sistema confederativo sindical, não possuem legitimidade sindical para deflagrar greves, celebrar acordos e convenções coletivas ou representar a categoria em dissídios coletivos na Justiça do Trabalho. As Centrais Sindicais poderão participar das negociações como coadjuvantes, nunca sozinhas, pois a autonomia dos sindicatos deverá ser preservada.

### 4.3.1 Dos sindicatos de base

O sindicato se perfaz na mais importante forma de representação de trabalhadores existente. A palavra síndico quer dizer representante, ou seja, transmite a ideia de representação de interesses de indivíduos de uma corporação. Os sindicatos propriamente ditos são os entes de base na organização sindical, representantes de uma coletividade de trabalhadores ou de empregadores (NASCIMENTO, 2011, p. 283).

No que diz respeito às atribuições dos sindicatos de base, destacam-se as prerrogativas previstas no art. 513 da CLT tais quais; a) representar, perante as autoridades administrativas e judiciárias os interesses gerais da respectiva categoria ou profissão liberal ou interesses individuais dos associados relativos à atividade ou profissão exercida; b) celebrar contratos coletivos de trabalho; c) eleger ou designar os representantes da respectiva categoria ou profissão liberal; d) colaborar com o Estado, como órgãos técnicos e consultivos, no estudo e solução dos problemas que se relacionam com a respectiva categoria ou profissão liberal; e) impor contribuições a todos aqueles que participam das categorias econômicas ou profissionais ou das profissões liberais representadas (CLT, art. 513).

A questão da representação processual dos sindicatos suscitou inúmeros debates quanto à possibilidade de atuarem como substitutos processuais. Inicialmente, cabe diferenciar os institutos. A representação processual demanda instrumento de procuração para que o sindicato esteja apto a defender o interesse do representado judicialmente. A substituição processual possibilita que o sindicato, em nome próprio, pleiteie judicialmente direito de outrem sem autorização prévia. Nesse sentido, a decisão do Colendo Tribunal Superior do Trabalho:

> RECURSO DE REVISTA – SINDICATO – SUBSTITUIÇÃO PROCESSUAL – LEGITIMIDADE ATIVA – Nos termos da iterativa e atual jurisprudência do Eg. TST e do E. STF sobre o assunto, a prerrogativa prevista no artigo 8º, inciso III, da Constituição da República confere à entidade sindical ampla legitimidade para, na qualidade de substituto processual, atuar na defesa dos direitos subjetivos individuais dos seus substituídos. Recurso de Revista conhecido e provido. (Tribunal Superior do Trabalho. Recurso de Revista 17196920115040333, 8ª turma, Relator: Desembargador convocado: João Pedro Silvestrin – *DEJT* 06/03/2015).

Os sindicatos são associações sem fins lucrativos de um tipo peculiar, vinculados ao Direito Coletivo do Trabalho. Nas palavras de Nascimento "o sindicato é um sujeito coletivo; para alguns, uma pessoa jurídica; para outros, uma instituição". O autor justifica o sindicato enquanto sujeito coletivo afirmando se tratar de uma organização que tem por finalidade tratar dos interesses de um determinado grupo nas relações trabalhistas que possui todos os atributos de uma pessoa jurídica (NASCIMENTO, 2011, p. 286).

### 4.3.2 Das confederações e federações

As confederações são entidades sindicais de maior grau numa determinada categoria. Elas foram criadas ainda no período corporativista como órgãos representativos situados no grau superior de determinadas categorias. Para sua formação, devem-se agregar pelo menos três federações do mesmo ramo de atuação e sua sede será na capital da República (CLT, art. 535).

Como exemplos de confederações de trabalhadores, podemos citar: (1) Confederação Nacional dos Trabalhadores na Indústria - CNTI; (2) Confederação Nacional dos Trabalhadores na Agricultura - Contag; e (3) a Confederação Nacional dos Trabalhadores em Comunicações e Publicidade - Contcop. São exemplos de Confederações patronais: (1) Confederação Nacional da Agricultura; (2) Confederação Nacional do Comércio; e (3) Confederação Nacional da Indústria.

As federações são as organizações sindicais de segundo grau, localizadas verticalmente logo acima dos sindicatos de base de uma determinada categoria, e abaixo das confederações. As federações se constituem por Estados e estão condicionadas à existência de pelo menos cinco sindicatos filiados e desde que representem a maioria absoluta de um grupo de atividades ou profissões (CLT, art. 534). As federações não representam categorias profissionais ou econômicas, elas representam pura e simplesmente os sindicatos.

Assim como acontece com os sindicatos de base, as federações se organizam livremente, de acordo com as deliberações estatutárias das entidades sindicais formadoras. Devem também ser registradas a fim de efetivar a unicidade de representação em determinada base territorial. As federações têm como prerrogativa a representação dos sindicatos, com o objetivo de lhes coordenar interesses e harmonizar seus objetivos (BATALHA, 1994, p. 115).

É relevante ressaltar que o ordenamento jurídico brasileiro concentra no sindicato a função de representação e negociação, sendo que as demais entidades sindicais (federações e confederações, respectivamente) podem exercer essas funções em caso de inércia ou de inexistência do sindicato de base, conforme previsão dos arts. 617 e 611, §2º da CLT.

A criação das confederações se pauta em instruções normativas do Ministério do Trabalho e Emprego. Em linhas gerais, pode-se dizer que os procedimentos são semelhantes àqueles destinados aos sindicatos de base, principalmente no que se refere aos desmembramentos e fusões. Há que salientar ainda a exigência de prévio registro no Cartório de Registro de Pessoas Jurídicas a fim de efetivar sua personalidade jurídica.

Assim, temos que as confederações podem nascer por meio de desmembramento de categorias ecléticas ou de forma originária. A respeito da criação de confederações por desmembramento cumpre mencionar o seguinte aresto do Supremo Tribunal Federal:

> CONFEDERAÇÃO NACIONAL DE SAÚDE - HOSPITAIS, ESTABELECIMENTOSESERVIÇOS-CNS.DESMEMBRAMENTO DA CONFEDERAÇÃO NACIONAL DO COMÉRCIO. ALEGADA OFENSA AO PRINCÍPIO DA UNICIDADE.
>
> Improcedência da alegação, posto que a nova entidade representa categoria específica, até então congregada por entidade de natureza eclética, hipótese em que estava fadada ao desmembramento, concretizado como manifestação da liberdade sindical consagrada no art. 8º, II, da Constituição Federal. Agravo desprovido. (Supremo Tribunal Federal. RE-AgR 241935 DF, Primeira Turma, Relator: Ministro ILMAR GALVÃO - DJ 27-10-2000. PP-00085. EMENT. VOL-02010-01. PP-00180. RTJ VOL-00177-01. PP-00449).

A Constituição de 1988, alterando uma tradição em nosso Direito Constitucional, que a resguardava somente ao Procurador-Geral da República nas constituições anteriores, ampliou a legitimidade para propositura da ação direta de inconstitucionalidade[30]. Dessa forma, restou legitimado às confederações a propositura de ação direta de inconstitucionalidade e ação declaratória de constitucionalidade nos termos do art. 103, inciso IX da Constituição Federal.

[30] De acordo com a jurisprudência do Supremo Tribunal Federal, os legitimados no art. 103 da Constituição estão divididos em universais, com legitimidade ampla e em especiais com legitimidade vinculada à pertinência temática, a qual consiste na relação de causalidade entre a norma questionada na ADI e os interesses juridicamente defendidos. Dessa forma, devem apresentar pertinência temática: o Governador de Estado ou do Distrito Federal, confederação sindical ou entidade de classe de âmbito nacional e as mesas da Assembleia Legislativa ou da Câmara Legislativa do Distrito Federal. Note-se que os demais são legitimados universais.

O referido artigo também contempla como legitimadas a propor ação direta de inconstitucionalidade e ação declaratória de constitucionalidade as entidades de classe de âmbito nacional. Contudo, o Supremo Tribunal Federal firmou entendimento no sentido de que só as entidades sindicais de terceiro grau, ou seja, as confederações serão legitimadas a ajuizar ações que versem sobre o controle de constitucionalidade, conforme podemos extrair:

> AGRAVO REGIMENTAL. AÇÃO DIRETA DE INCONSTITUCIONALIDADE PROPOSTA PELO SINDICATO NACIONAL DOS SERVIDORES DO MINISTÉRIO PÚBLICO DA UNIÃO E DO CONSELHO NACIONAL DO MINISTÉRIO PÚBLICO. ART. 103, IX, DA CONSTITUIÇÃO FEDERAL. ILEGITIMIDADE ATIVA AD CAUSAM DA ENTIDADE SINDICAL DE PRIMEIRO GRAU REQUERENTE, A DESPEITO DE SUA ABRANGÊNCIA NACIONAL, POR NÃO SE TRATAR DE CONFEDERAÇÃO. AGRAVO REGIMENTAL NÃO PROVIDO.
>
> I – A entidade agravante ostenta, inequivocamente, a condição de sindicato, com registro sindical concedido pelo Ministério do Trabalho e Emprego.
>
> II – O Plenário do Supremo Tribunal Federal, por meio de diversos julgados, assentou que somente as entidades sindicais de terceiro grau, ou seja, as confederações possuem legitimidade ativa para ajuizar ações diretas de inconstitucionalidade, o que, por óbvio, exclui os sindicatos e as federações, mesmo que possuam abrangência nacional. Precedentes.
>
> III – Agravo regimental a que se nega provimento. (Supremo Tribunal Federal. ADI 4184 DF, Tribunal Pleno, Relator: Ministro Ricardo Lewandowski- Acórdão eletrônico *DJE* – 186, divulg. 24-09-2014, public. 25-09-2014).

Por fim, no que diz respeito à estrutura interna das confederações e federações, a CLT dispõe que ambas são formadas pelos seguintes órgãos: Diretoria, Conselho de Representantes e Conselho Fiscal. A Diretoria é formada por pelo menos três membros assim como o Conselho Fiscal. Ambos são eleitos pelo Conselho de Representantes, para cumprimento de mandato de três anos. São elegíveis apenas os componentes dos grupos das federações ou dos planos das confederações, para a respectiva entidade. O presidente é escolhido pela Diretoria, dentre seus membros. O Conselho de Representantes é constituído por delegações de sindicatos ou federações filiadas. Cada delegação é formada por dois integrantes da entidade, indicados pela mesma, com mandato de três anos, sendo que cada delegação possui um voto, que será proferido conforme determinação da entidade (CLT, art. 538).

### 4.3.3 Das Centrais Sindicais

As Centrais Sindicais são organizações intercategoriais, numa linha horizontal que compreende diversas categorias. Não são os trabalhadores que aderem diretamente, mas as entidades sindicais de primeiro e segundo grau. Em suma, pode-se dizer que as Centrais Sindicais representam sindicatos, federações e confederações de categorias diversificadas. Sua base territorial é muito vasta e na maioria das vezes engloba todo o país (NASCIMENTO, 2011, p. 257).

Conforme a Lei nº 11.648/08, art. 1º, *caput* e parágrafo único, combinado com o art. 2º, considera-se Central Sindical a entidade de representação dos trabalhadores, constituída em âmbito nacional, como ente associativo privado, composto por organizações sindicais de trabalhadores e que atenda aos requisitos de filiação mínimos legalmente estabelecidos.

As Centrais Sindicais, que também são chamadas de uniões ou confederações de trabalhadores, são consideradas entidades de cúpula, ao passo que para uma parte sólida da doutrina, elas se posicionam no cume da estrutura sindical, acima dos sindicatos, das federações e das confederações de trabalhadores respectivamente.

Tais entidades representam somente os trabalhadores, ou seja, não há um correspondente patronal como ocorre no sistema confederativo. Elas foram reconhecidas formalmente no ordenamento jurídico brasileiro em 2008, contudo, continuaram sem quaisquer poderes sindicais de negociação.

Como principais atribuições e prerrogativas das Centrais Sindicais se destacam: coordenar a representação dos trabalhadores por meio das organizações sindicais a ela filiadas e participar de negociações em fóruns, colegiados de órgãos públicos e demais espaços de diálogo social que possuam composição tripartite, nos quais estejam em discussão assuntos de interesse geral dos trabalhadores (art. 1º, Lei nº 11.648/08).

Os requisitos de representatividade das Centrais Sindicais estão previstos no art. 2º da Lei nº 11.648/08, e se referem, entre outros, ao número de entidades sindicais filiadas, às regiões do País onde operam e à quantidade de setores de atividades econômicas representadas. O Ministério do

Trabalho e Emprego era o órgão responsável por aferir os requisitos mínimos de representatividade na formação das Centrais Sindicais.

Quanto ao financiamento das Centrais Sindicais, desde 2008, quando foram reconhecidas, a contribuição sindical é a principal fonte de receita auferida. Cabe ressaltar que não houve mudança na arrecadação que sustenta o sistema confederativo, já que a verba destinada às Centrais Sindicais emana do FAT – Fundo de Assistência do Trabalhador, que antes era contemplado com 20% da contribuição sindical e que depois passou a dividir sua arrecadação com as Centrais Sindicais.

Com isso, o sistema de custeio das entidades sindicais ocorre da seguinte forma: 5% (cinco por cento) para a confederação, 15% (quinze por cento) para a federação, 60% (sessenta por cento) para o sindicato, 10% (dez por cento) para a Conta Especial Emprego e Salário e 10% (dez por cento) para a Central Sindical. Em caso de não existirem sindicatos, entidades sindicais de grau superior ou Centrais Sindicais, a contribuição sindical era creditada integralmente na Conta Especial Emprego e Salário.

Muito se discute sobre a constitucionalidade do rateio da contribuição sindical com as Centrais Sindicais, visto que elas não pertencem ao sistema confederativo. Inclusive existe uma Ação Direta de Inconstitucionalidade no Supremo Tribunal Federal (ADI 4067), proposta pelo Democratas em abril de 2008, com o objetivo de derrubar a destinação de 10% do total apurado com a contribuição sindical compulsória às centrais sindicais (CUT, Força Sindical e outras menos expressivas).

A contribuição sindical existe para financiar o sistema sindical, do qual as Centrais fazem parte incontestavelmente (NASCIMENTO, 2011, p. 273). Nesse sentido, cumpre mencionar um trecho do voto do ministro Eros Grau na Ação Direta de Inconstitucionalidade 4067, proposta pelo Democratas – DEM, na qual se pretende ter declarada a inconstitucionalidade dos artigos 1°, II, e 3º da Lei nº 11.648/08 (Lei de reconhecimento das Centrais Sindicais), e dos artigos 259, II, "b", e §§1º e 2º; e 593 da CLT, na redação que lhes foi conferida pelo artigo 5º da mesma Lei nº 11.648/2008:

> Reconhecidas como entidades associativas representativas da classe trabalhadora, ao autorizar a inclusão das centrais sindicais entre os sujeitos ativos da contribuição sindical a lei ordinária não desvirtua, em nada e por nada, a finalidade, da exação, delineada na Constituição. A leitura do parágrafo único do artigo 593 da CLT não deixa margem a qualquer dúvida: '[o]s recursos destinados às

> centrais sindicais deverão ser utilizados no custeio das atividades de representação geral dos trabalhadores decorrentes de suas atribuições legais'.[31]

Renomados autores do Direito do Trabalho entendem que as Centrais Sindicais encabeçam o movimento sindical piramidal, conforme se extrai das palavras de Nascimento:

> São a maior unidade representativa de trabalhadores na organização sindical. Situam-se na estrutura sindical acima das confederações, federações e sindicatos. Representam outras organizações sindicais que a elas se filiam espontaneamente. São intercategoriais, expressando-se como um referencial de concentração da pirâmide sindical. (NASCIMENTO, 2011, p. 257)

Do mesmo modo, Delgado afirma que as Centrais Sindicais "constituem, do ponto de vista social, político e ideológico, entidades líderes do movimento sindical, que atuam e influem em toda a pirâmide regulada pela ordem jurídica" (DELGADO, 2011, p. 86).

Entretanto, existem doutrinadores que defendem que não há espaço no ordenamento jurídico brasileiro para as Centrais Sindicais, enquanto o princípio da unicidade é violado pelo pluralismo exercido em sua constituição. Outros autores entendem que as Centrais Sindicais não fazem parte do sistema confederativo e consequentemente não têm natureza sindical, mas de meras associações civis, portanto, não sendo sujeitas ao controle constitucional da unicidade.

Esse é o entendimento do ex-ministro Joaquim Barbosa, que salienta que as Centrais Sindicais não fazem parte da estrutura sindical, embora possam exercer papel importante em negociações de interesse dos trabalhadores. Também, segundo o ex-ministro, as Centrais Sindicais não podem substituir as entidades sindicais nas hipóteses em que a Constituição ou a lei obrigam ou permitem o envolvimento de tais entes na salvaguarda dos interesses dos trabalhadores. Conforme Joaquim Barbosa, as Centrais Sindicais não podem ser sujeito ativo ou destinatário de receita arrecadada

[31] Voto Vista do ministro Eros Grau: Ação Direta de Inconstitucionalidade 4067, proposta pelo Democratas – DEM. Disponível em: www.stf.jus.br/arquivo/cms/noticiaNoticiaStf/anexo/ADI4067ER.pdf. Acesso em: 30 abr. 2015.

com tributo destinado a custear atividades nas quais as entidades sindicais não podem ser substituídas[32].

No que concerne à natureza jurídica, as Centrais Sindicais aparecem como associações civis que não precisam respeitar o preceito constitucional da unicidade, já que essa exigência se restringe às entidades sindicais devidamente registradas no órgão competente e não às associações não sindicais. Suas atividades não se confundem com as respaldadas aos entes confederativos, ou seja, não possuem legitimidade para negociar instrumentos coletivos, instaurar dissídios coletivos ou representar categorias inferiores, pois estes atributos já são próprios das federações e confederações.

As Centrais Sindicais significam um avanço na democracia contemporânea. No plano interno de suas atividades, as Centrais Sindicais implantam linhas gerais de atuação para o sindicalismo em contextos sociais e geográficos mais amplos, além de arquitetar instrumentos culturais e logísticos de grande significado para as bases correspondentes. No plano externo, mantêm intenso diálogo com as grandes forças institucionais do país, sejam de natureza pública ou privada (DELGADO, 2011, p. 86).

A Constituição Federal de 1988 assegura às Centrais Sindicais o direito de impetrar mandado de segurança coletivo ao mesmo tempo que resguarda às associações legalmente constituídas e em funcionamento há pelo menos um ano essa prerrogativa.

O Supremo Tribunal Federal, em orientação recentemente firmada, entende que a legitimidade para ajuizar a Ação Direta de Inconstitucionalidade prevista no art. 103, IX da Constituição Federal é das confederações sindicais, ao passo que as Centrais Sindicais não foram equiparadas às confederações e, portanto inaptas à representação por não serem consideradas entidades de classe de âmbito nacional conforme se extrai do aresto:

> EMENTA AGRAVO REGIMENTAL – AÇÃO DIRETA DE INCONSTITUCIONALIDADE – UNIÃO GERAL DOS TRABALHADORES (UGT) – CENTRAL SINDICAL – ILEGITIMIDADE ATIVA – NORMA QUESTIONADA DE NATUREZA REGULAMENTAR – RECURSO NÃO PROVIDO. 1. Mantida a decisão de reconhecimento da inaptidão da agravante para instaurar controle abstrato de normas, visto não se amoldar

[32] O voto do então ministro do STF Joaquim Barbosa na Ação Direta de Inconstitucionalidade 4067 proposta pelo Democratas, que trata da destinação do imposto sindical às Centrais Sindicais.

> à hipótese de legitimação prevista no art. 103, IX, parte inicial", da Constituição Federal. 2. Muito embora ocorrido o reconhecimento formal das centrais sindicais com a edição da Lei nº 11.648 /08, a norma não teve o condão de equipará-las às confederações, de modo a sobrelevá-las a um patamar hierárquico superior na estrutura sindical. Ao contrário, criou-se um modelo paralelo de representação, figurando as centrais sindicais como patrocinadoras dos interesses gerais dos trabalhadores, e permanecendo as confederações como mandatárias máximas de uma determinada categoria profissional ou econômica. 3. A fórmula alternativa prevista no art. 103, IX, do Texto Magno, impede que determinada entidade considerada de natureza sindical, não enquadrável no conceito de confederação, venha a se utilizar do rótulo de entidade de classe de âmbito nacional, para fins de legitimação. Precedente. 4. A resolução atacada é carecedora de relação normativa de primariedade em face da Constituição Federal, uma vez que é ato inequivocamente regulamentar, hierarquicamente inferior aos comandos contidos na Lei nº 8.900 /94, e, nessa linha, insuscetível de ser atacado por meio de ação direta de inconstitucionalidade. 5. Agravo regimental a que se nega provimento. (Supremo Tribunal Federal. ADI 4224 DF, Tribunal Pleno, Relator: Ministro Dias Toffoli – *DJE*-172, divulg. 06-09-2011, public. 08-09-2011, ement. Vol.-02582-01, pp-00106).

A posição ocupada pelas Centrais Sindicais no ordenamento jurídico brasileiro ainda é contraditória, haja vista que para alguns doutrinadores, elas se encontram num patamar hierárquico superior na estrutura sindical, enquanto que para outros, elas se situam em paralelo ao sistema sindical tradicional. As Centrais Sindicais vêm se consolidando como superconfederações advindas da pretensão dos trabalhadores e não da letra fria da lei. Pode-se dizer que são o que há de mais representativo no movimento sindical brasileiro, mesmo sem integrar o sistema confederativo sindical.

As Centrais fazem parte do sistema sindical brasileiro mesmo sem integrar a pirâmide sindical oriunda do período corporativista. E isso pode ser considerado um trunfo, pois ao nascerem de forma espontânea, sem o direcionamento estatal, no qual vigora o pluralismo categorial, elas se mostram precursoras num cenário desvirtuado pela vinculação estatal. Num cenário ideal, as Centrais Sindicais deveriam representar as entidades sindicais dos três níveis, ou seja, seriam as representantes dos sindicatos e por isso, consideradas superconfederações.

No que se refere ao financiamento das Centrais Sindicais, foi decepcionante ver a contribuição sindical compulsória se estender às Centrais, haja vista que elas traziam consigo esperança para o sindicalismo brasileiro, principalmente no que diz respeito à pluralidade sindical, já que essa reivindicação foi um traço marcante de sua criação. Além do mais, quando as Centrais aceitam receber uma fatia da contribuição sindical, e uma fatia bem grande por sinal, a luta pela liberdade sindical plena perde uma grande aliada, talvez a maior esperança que o sindicalismo brasileiro já tenha tido na busca de se tornar representativo e acabar de uma vez por todas com a unicidade sindical e com a dependência da contribuição sindical compulsória.

## 4.4 Imunidade e inamovibilidade como garantias dos dirigentes sindicais

### 4.4.1 Da estabilidade temporária

No Brasil, os trabalhadores que representam e defendem os interesses dos demais frente aos empregadores possuem algumas garantias de proteção do emprego contra dispensas imotivadas. As negociações que envolvem o Direito Individual e o Direito Coletivo do Trabalho por muitas vezes desencadeiam a ocorrência de conflitos. Por serem figuras fundamentais à representação, não é incomum que os dirigentes sindicais sofram retaliações que podem afetar seu vínculo trabalhista, bem como sua representatividade. Por esses motivos, são garantidos aos representantes dos empregados proteção contra atos antissindicais.

Dentre essas garantias, se destacam a imunidade ou estabilidade e a inamovibilidade do dirigente sindical, que podem ser consideradas como a base de sustentação das entidades sindicais, pois se os dirigentes sindicais pudessem ser dispensados ou transferidos ao bel prazer dos empregadores, não se poderia vislumbrar uma representação efetiva das categorias em suas reivindicações. Nesse sentido, a orientação de Nascimento:

> A estabilidade sindical (CF, art. 8º, VIII; e CLT, art. 543, §3º) efetiva-se mediante a nulidade da dispensa imotivada do dirigente sindical. A inamovibilidade (CLT, art. 543) é a proibição da transferência geográfica do local de trabalho do dirigente sindical de modo a dificultar a sua atuação e obstar o seu direito de estar em contato com os seus representados. (NASCIMENTO, 2012, p. 359)

De acordo com o artigo 543, parágrafo 3º da CLT, e o artigo 8º da Constituição Federal, não pode ser dispensado do emprego o empregado sindicalizado ou associado, a partir do momento do registro de sua candidatura a cargo de direção ou representação, de entidade sindical ou associação profissional, até um ano após o final do seu mandato, caso seja eleito, inclusive como suplente, salvo se cometer falta grave devidamente apurada nos termos da legislação.

A inamovibilidade do dirigente sindical está arrolada no art. 543 da CLT que prevê expressamente que o dirigente sindical não poderá ser impedido do exercício de suas funções, nem ser transferido para lugar que lhe dificulte ou torne impossível o desempenho de suas atribuições sindicais. A inamovibilidade se apresenta como ramificação da estabilidade, já que tem como fundamento manter o dirigente sindical em funções compatíveis com sua atuação sindical e garantir sua atuação profissional naquela base territorial.

O art. 543, parágrafo 5º da CLT sempre condicionou a estabilidade temporária à comunicação pelo sindicato profissional ao empregador do registro da candidatura de seu empregado. Ocorre que às vezes a eleição sindical não se opera de forma tão simples, ou seja, não acontece de maneira pacífica, já que por vezes o empregado possa estar se candidatando como oposição, ou ainda, possa ocorrer algum conluio entre a chapa da situação e a empresa a fim de não legitimar determinada candidatura.

A Súmula 369 do TST determinava ser indispensável a comunicação pela entidade sindical à empresa, corroborando o entendimento celetista, todavia, em 2012, o TST alterou o item I da Súmula 369 do TST e determinou que mesmo não havendo a comunicação da entidade sindical à empregadora do candidato a dirigente sindical dentro do prazo previsto na CLT, restará efetivada a estabilidade do empregado, ficando dessa forma:

> SÚMULA 369 TST - DIRIGENTE SINDICAL. ESTABILIDADE PROVISÓRIA (redação do item I alterada na sessão do Tribunal Pleno realizada em 14.09.2012) - Res. 185/2012, DEJT divulgado em 25, 26 e 27.09.2012.
>
> I – É assegurada a estabilidade provisória ao empregado dirigente sindical, ainda que a comunicação do registro da candidatura ou da eleição e da posse seja realizada fora do prazo previsto no art. 543, § 5º, da CLT, desde que a ciência ao empregador, por qualquer meio, ocorra na vigência do contrato de trabalho.

Não parece razoável presumir que o empregador saiba de tudo que ocorre no âmbito sindical de seus funcionários. A fim de guarnecer as duas partes, essa comunicação poderia se dar de uma forma mais flexível, visto que o prazo de 24 horas se mostrava bastante limitado. Poderia se estabelecer um marco, como a data da eleição, por exemplo, já que permitir a ciência ao empregador pelo restante do contrato de trabalho pode gerar instabilidade para a administração empresarial frente aos seus empregados.

Considerando-se válida a candidatura, caso o candidato não seja eleito, cessa a estabilidade, que se mantém somente aos dirigentes eleitos. Se por ventura incorrer o dirigente sindical em falta grave, seu contrato poderá ser suspenso até apuração de inquérito judicial para apuração de falta grave[33] (Súmula 379, TST), que decidirá sobre a rescisão contratual ou reintegração ao emprego (NASCIMENTO, 2012, p. 359).

No que concerne aos dirigentes sindicais de categorias diferenciadas, a proteção contra dispensa imotivada só se efetiva nos casos em que o diretor sindical exerça em seu emprego atividade relacionada à sua respectiva categoria. Como exemplo, cabe mencionar o caso de um dirigente sindical do sindicato dos motoristas que exerça a função de motorista junto ao seu empregador (DELGADO, 2011, p. 107). Nos casos de extinção da empresa ou estabelecimento no âmbito da base territorial do respectivo sindicato, a Súmula 369, IV do TST permite a rescisão contratual do dirigente até então estável.

A Súmula 369 do TST dispõe sobre diversos aspectos relativos à estabilidade provisória do dirigente sindical. Visando unificar a jurisprudência, o referido instrumento indica que não haverá a proteção contra dispensa imotivada quando o registro da candidatura tenha se efetivado após a dação do aviso prévio pelo empregador (Súmula 369, V, TST). Considerando que a maciça jurisprudência trabalhista prevê que o aviso prévio integra o contrato de trabalho para todos os fins, cumpre ressaltar as palavras de Delgado:

---

[33] O trabalhador dirigente sindical, possuidor de estabilidade temporária, somente pode ser dispensado se cometer falta grave devidamente apurada (art. 8º, VIII da CR/88 c/c art. 543, §3º da CLT). Para a apuração da falta grave, portanto, o empregador deverá instaurar uma ação judicial denominada "inquérito para apuração de falta grave" (arts. 494, 495, 496, 853, 854 e 855 da CLT). Não é somente o dirigente sindical que possui essa garantia, o estável decenal (art. 492 da CLT); os diretores de cooperativas (art. 55 da Lei nº 5.764/71); os membros, eleitos pelos empregados, de comissão de conciliação prévia (art. 625-B da CLT) e os representantes dos trabalhadores no Conselho Curador do FGTS (art. 3º, §9º da Lei nº 8.036/90) ou no Conselho Nacional de Previdência Social (art. 3º, §7º da Lei nº 8.213/91 c/c art. 301 do Decreto nº 3.048/99) também só podem ser dispensados se cometerem falta grave devidamente comprovada em inquérito.

> Restringir a garantia de emprego nesses casos não é racional, proporcional nem razoável, ao passo que essa mesma jurisprudência que consolidou esse entendimento tem repisado ao longo de décadas, que o aviso prévio integra o contrato de trabalho para todos os efeitos. (DELGADO, 2011, p. 108)

Como se vê, o assunto não é pacífico no cenário trabalhista, entretanto, não há como concordar com os argumentos apontados pelo mestre Maurício Godinho Delgado, já que a comunicação prévia da dispensa do empregado (ato jurídico perfeito), não deve ser superada por um ato tardio, independentemente de sua conotação, sob pena de atentar contra a segurança jurídica que ampara o empregador.

### 4.4.2 Do número de dirigentes sindicais protegidos pela estabilidade temporária

Quanto ao número de dirigentes sindicais alcançados pela estabilidade, sempre existiu um intenso debate tanto na doutrina quanto na jurisprudência a fim de fixar o número de dirigentes eleitos que um sindicato pode ter. A Constituição assegura a estabilidade provisória aos empregados eleitos para cargo de direção ou representação sindical, bem como a seus respectivos suplentes. Entretanto, a definição desses limites cabe à legislação ordinária, já que não se pode admitir que essa garantia possa ser concedida, indiscriminadamente, a número ilimitado de empregados.

Prescreve o art. 522 da CLT que a administração do sindicato será exercida por uma diretoria composta de no máximo sete, e de no mínimo três membros, além de um Conselho Fiscal composto por três membros. A atuação do Conselho Fiscal se perfaz no sentido de fiscalizar a gestão financeira da entidade sindical, sendo assim, não se estende aos membros do Conselho Fiscal a garantia de emprego direcionada aos dirigentes sindicais.

O Supremo Tribunal Federal, recentemente pacificou o entendimento que o art. 522 da CLT foi recepcionado pelo art. 8º da Constituição Federal, sendo assim, não há que se falar em intervenção estatal nas entidades sindicais, o que era defendido por alguns estudiosos do Direito do Trabalho. O ordenamento jurídico brasileiro não obsta a formação de diretorias sindicais com número superior ao fixado no artigo 522 da CLT, todavia, a estabilidade restará somente ao número de dirigentes protegidos pelo texto legal. Se, na espécie, a estabilidade é uma vantagem que decorre da lei, ao Estado cabe a faculdade de limitar seu alcance.

Cumpre ressaltar que na Itália e na Espanha o número de dirigentes sindicais respaldados pela garantia de emprego é calculado utilizando-se uma linha de raciocínio que prioriza a proporcionalidade de empregados representados pela categoria, o que poderia ser salutar se aperfeiçoado e implantado no Brasil.

A estabilidade temporária do dirigente sindical e do respectivo suplente está prevista nos artigos 8º, inciso VIII, da Constituição, e 543, parágrafo 3º, da CLT. A jurisprudência se firmou no sentido de acolher os referidos instrumentos a fim de garantir um número mínimo de dirigentes sindicais estáveis.

Em 2011, o Pleno do Tribunal Superior do Trabalho alterou o item II da Súmula 369 que trata da estabilidade provisória dos dirigentes sindicais, dobrando para quatorze o número de beneficiados com a estabilidade provisória. Com essa modificação, passaram a ter garantia de emprego os sete diretores da entidade sindical, bem como os sete suplentes.

Nesse sentido têm se consolidado as decisões do Colendo Tribunal Superior do Trabalho, conforme se extrai:

> GARANTIA PROVISÓRIA DE EMPREGO – DIRIGENTE SINDICAL – SUPLENTE – ITEM II DA SÚMULA 369 DO TST.
>
> 1. Consoante a atual redação do item II da Súmula 369, desta Corte Superior, o art. 522 da CLT foi recepcionado pela Constituição Federal de 1988, ficando limitada a estabilidade a que alude o art. 543, §3º, da CLT a sete dirigentes sindicais e igual número de suplentes.
>
> 2. No caso concreto, o Regional entendeu que a estabilidade provisória é limitada a somente sete membros da entidade sindical, não comportando o art.522 da CLT a interpretação de que se conta sete dirigentes titulares e sete membros suplentes.
>
> 3. Assim sendo, é forçoso concluir que a decisão regional que indeferiu a estabilidade aos Reclamantes, os dois únicos suplentes do Sindicato, está em dissonância com a Súmula 369, II, do TST, razão pela qual a revista deve ser provida para estender a garantia provisória de emprego aos Obreiros, suplentes que se encontram no limite previsto no art. 522 da CLT. Recurso de revista conhecido em parte e provido. (Tribunal Superior do Trabalho. Recurso de Revista 1193692010503004, 7ª Turma, Relator: Ministro Ives Gandra Martins Filho – *DEJT* 11/11/2011).

A mudança da Súmula 369 com o respectivo aumento do número de dirigentes sindicais estáveis sempre foi uma reivindicação das Centrais Sindicais, já que segundo os sindicalistas, o número de apenas sete dirigentes com direito à estabilidade impedia a livre organização sindical, porque estimulava a demissão de dirigentes e ampliava a incidência de atos antissindicais.

## 4.5 O poder normativo da Justiça do Trabalho

O poder normativo consiste na competência conferida à Justiça do Trabalho para decidir, interpretar, instituir e modificar normas, em matéria de dissídios coletivos por meio da sentença normativa. Sempre esteve presente em nosso ordenamento jurídico desde o nascimento da Justiça do Trabalho, antes mesmo desta pertencer ao Poder Judiciário, reconhecido como um poder anômalo, atribuído de forma expressa na Constituição Federal de 1946 e mantido com a chegada da Constituição de 1988. O poder normativo é exclusivo do judiciário trabalhista e atua como instrumento de composição nos dissídios coletivos de trabalho.

Quando o interesse de uma categoria profissional se opõe à resistência da categoria econômica, surgem os conflitos coletivos de trabalho. Esses conflitos são resolvidos processualmente, por meio de dissídios coletivos e o ordenamento jurídico brasileiro os submete à apreciação da Justiça do Trabalho sob a égide do poder normativo. Nos dissídios coletivos reivindica-se a instituição de novas condições de trabalho (natureza econômica) ou a interpretação de normas preexistentes (natureza jurídica) no que concerne à coletividade (BARROS, 2009, p. 1273-1274).

Os dissídios coletivos podem ser de natureza econômica, de natureza jurídica e de natureza mista. Os dissídios coletivos de natureza econômica visam à constituição de normas e condições de trabalho para o futuro, com efeitos que se estendem a toda categoria.

Os dissídios de natureza jurídica atendem à função de aplicação do direito, isto é, têm por objeto a aplicação ou interpretação de norma jurídica. Estes se diferem dos econômicos, pois a divergência se encontra no direito positivo já elaborado, o que não ocorre nos econômicos, nos quais a divergência reside no interesse em elaborar o Direito (NASCIMENTO, 2008, p. 1209-1210).

O dissídio coletivo de greve pode ter natureza mista quando a sentença normativa declarar a abusividade ou legalidade da greve e ainda julgar procedentes os pedidos constantes da pauta de reivindicações.

Na concepção montesquiana da tripartição dos poderes do Estado, de acordo com as funções típicas de legislar, administrar e julgar incumbe ao poder legislativo a competência para elaborar as leis pelas quais a sociedade será regulada. Ao poder judiciário cabe exclusivamente, dentro dessa concepção, a aplicação das normas aos casos concretos, interpretando as leis existentes, no exercício da função jurisdicional (MARTINS FILHO, 1996, p. 11).

O poder normativo da Justiça do Trabalho compreende funções típicas do poder legislativo quando institui ou modifica normas no âmbito do Direito do Trabalho. Esse instituto tem origem no governo de Getúlio Vargas e remete ao traço corporativista remanescente no ordenamento jurídico brasileiro, demonstrando que a intervenção estatal ainda é manifesta na Justiça do Trabalho.

A normatividade da Justiça do Trabalho fez parte da implantação da legislação trabalhista brasileira após o movimento político de 1930, caracterizada pela importação da doutrina e das normas europeias. Aquela época representava o ápice do corporativismo nas relações trabalhistas como peça fundamental da integração Estado/empresa.

Na instalação da Justiça do Trabalho, Oliveira Vianna, sociólogo e jurista, consultor do Ministério do Trabalho, Indústria e Comércio, um dos autores do anteprojeto, era defensor do poder normativo da Justiça do Trabalho. Oliveira Viana demonstrava grande conhecimento das discussões trabalhistas que ocorriam nos Estados Unidos e na Europa, bem como do Direito norte-americano, e afirmava que eram suas reais inspirações, já que era acusado de ter influências fascistas.

Os movimentos intelectuais da época buscavam elaborar, em suas áreas particulares, algo genuinamente brasileiro. Todavia, essa busca se dava de várias formas, haja vista que de um lado havia o nacionalismo puro, que rejeitava qualquer contribuição estrangeira e de outro o antropofágico, que buscava extrair da cultura estrangeira pontos fundamentais a fim de ter uma produção tipicamente brasileira. O que prevaleceu na época foi um movimento que priorizava a antropofagia estrangeira unida de um forte caráter nacionalista, assim surgiu o nacionalismo autoritário liderado por Alberto Torres (GARCIA NETO, 2008, p. 88).

Oliveira Vianna foi o principal discípulo de Alberto Torres, crítico do liberalismo e da Primeira República. Alberto Torres defendia as ideias realistas proclamadas por Oliver Holmes Jr. ao buscar uma leitura interdisciplinar da realidade e, portanto, aproximava-se da sociologia, da economia e da psicologia. Tudo isso o aproximava do realismo jurídico[34] norte americano e do sociologismo continental (GARCIA NETO, 2008, p. 89).

Oliveira Vianna consagrou-se como pesquisador da realidade social brasileira. Em seu entendimento, os direitos sociais eram primordiais para se alcançar a cidadania política. O papel intelectual orgânico de Oliveira Vianna se efetivou com o exercício das funções inerentes ao cargo de Consultor Jurídico do Ministério do Trabalho, no qual imprimiu praticidade às suas ideias nacionalistas, autoritárias, e do sindicalismo corporativista. Oliveira Vianna pode ser considerado um marco no desenvolvimento das relações trabalhistas no Brasil na busca da reversão do quadro do liberalismo político e econômico que não priorizava a questão social.

Mesmo com a negativa de Oliveira Vianna, grande parte da doutrina encontra na concepção corporativista da sociedade a origem do poder normativo atribuído à Justiça do Trabalho. Em se tratando do ordenamento jurídico brasileiro, a inspiração veio da *Carta del Lavoro*, oriunda do regime fascista de Benito Mussolini, que conferia aos magistrados a competência para solucionar os conflitos coletivos de trabalho mediante a fixação de condições regulamentadoras de trabalho, isto é, competia ao judiciário trabalhista a instituição de normas jurídicas.

A Constituição Federal de 1946, além de incluir a Justiça do Trabalho como órgão do Poder Judiciário, mencionou o poder normativo da Justiça do Trabalho:

> Art. 123. Compete à Justiça do Trabalho conciliar e julgar os dissídios individuais e coletivos entre empregados e empregadores, e as demais controvérsias oriundas de relações do trabalho regidas pela legislação especial.
>
> (...)

[34] Realismo jurídico (*legal realism*) é uma corrente doutrinária surgida nos Estados Unidos na primeira metade do século XX que centraliza o estudo do direito na atuação do juiz, considerando o direito aplicado concretamente e não a moral, a justiça ou as normas jurídicas.

> §2º A lei especificará os casos em que as decisões, nos dissídios coletivos, poderão estabelecer normas e condições de trabalho. (CF/1946).

A estrutura corporativista, típica do autoritarismo do Estado Novo[35] não foi desfeita pelos governos seguintes, visto que não convinha a qualquer governo posterior retirá-la, dada a facilidade de controle, pelo Estado, do movimento sindical que, se deixado ao seu próprio arbítrio, poderia causar empecilhos ao governo.

A Assembleia Constituinte de 1988 deu os primeiros passos no sentido de uma maior liberdade sindical e menor intervenção estatal na área trabalhista, entretanto, manteve a matriz corporativista, na qual teve sua origem o poder normativo da Justiça do Trabalho, que continuava nutrindo o sistema brasileiro de relações de trabalho (MARTINS FILHO, 1996, p. 22-23).

A Emenda Constitucional nº 45, de 2004, alterou a redação do art. 114, parágrafo 2º da Constituição Federal no que concerne ao processo de dissídio coletivo de natureza econômica. O novo texto passou a exigir o comum acordo das partes para o ajuizamento de ações desse tipo. Tal exigência provocou inúmeras discussões sobre a natureza jurídica e a constitucionalidade do poder normativo exercido pela Justiça do Trabalho. Cumpre ressaltar a redação oriunda da Emenda Constitucional nº 45/04 que alterou o texto do parágrafo 2º e do parágrafo 3º do art. 114 da CF, que passaram a dispor do seguinte texto:

> Art. 114 (...)
>
> §1º Frustrada a negociação coletiva, as partes poderão eleger árbitros.
>
> §2º Recusando-se qualquer das partes à negociação coletiva ou à arbitragem, é facultado às mesmas, de comum acordo, ajuizar dissídio coletivo de natureza econômica, podendo a Justiça do Trabalho decidir o conflito, respeitadas as disposições mínimas legais de proteção ao trabalho, bem como as convencionadas anteriormente.
>
> §3º Em caso de greve em atividade essencial, com possibilidade de lesão do interesse público, o Ministério Público do Trabalho poderá ajuizar dissídio coletivo, competindo à Justiça do Trabalho decidir o conflito.

---

35 Estado Novo é o nome do regime político brasileiro fundado por Getúlio Vargas em 10 de novembro de 1937, que durou até 29 de outubro de 1945, que é caracterizado pela centralização do poder, nacionalismo, anticomunismo e por seu autoritarismo.

Diante da Emenda Constitucional nº 45/2004 que visava trazer ao judiciário maior celeridade e efetividade, houve expressiva ampliação na competência da Justiça Trabalho, entretanto, no que diz respeito ao Direito Coletivo, as mudanças remetem à propositura do dissídio coletivo e consistem basicamente na necessidade do comum acordo entre as partes para seu ajuizamento. Há na doutrina quem entenda que esse poder normativo não foi somente reduzido, mas sim extinto. Para outros, o poder normativo passou a ser uma espécie de arbitragem.

No entendimento de Renato Saraiva, depois da Emenda Constitucional 45/2004, o poder normativo se assemelhou ao instituto da arbitragem, dada a dificuldade de identificar o comum acordo quando existe conflito. Segundo o autor, o objetivo do legislador foi estimular ainda mais as negociações coletivas, limitando a intervenção da justiça laboral nos conflitos coletivos de trabalho (SARAIVA, 2009, p. 948). Nesse sentido, Nascimento entende não haver possibilidade de comum acordo entre litigantes, conforme se extrai:

> A questão do comum acordo é uma das mais importantes questões processuais dentre as que ultimamente têm surgido, não só pelos reflexos econômicos e sociais do dissídio coletivo econômico nas relações de trabalho e na vida das empresas, como pelos singularíssimos aspectos que estão subjacentes à dimensões jurídicas. À primeira vista parece causar espécie a redação do § 2º do art. 114, pois o dissídio pressupõe lide, que é o conflito de interesses qualificado por uma pretensão resistida. Como pode haver comum acordo para ajuizamento de dissídio, se este pressupõe o dissenso entre as partes. (NASCIMENTO, 2006, p. 70)

Para Carlos Henrique Bezerra Leite, o poder normativo da Justiça do Trabalho não se confunde com o instituto da arbitragem, visto que a decisão advinda de dissídio coletivo não traz consigo o caráter de irrecorribilidade como ocorre nas decisões arbitrais. Por essa razão, não se pode admitir que a Emenda Constitucional nº 45/2004 teria proscrito o Poder Normativo conforme dispõe:

> A exigência do 'comum acordo' para instauração dos dissídios coletivos de natureza econômica restringe, sem dúvida, a via de acesso ao exercício do poder normativo, mas não foi intenção do constituinte derivado a extinção desse poder anômalo conferido a Justiça do Trabalho. (LEITE, 2010, p. 1119)

Corroborando a doutrina de Carlos Henrique Bezerra Leite, Alexandre de Souza Agra Belmonte não concorda que a Emenda Constitucional 45/2004 tenha transformado a Justiça do Trabalho em juízo arbitral em relação aos dissídios coletivos. Segundo o autor, o árbitro é um especialista indicado pelas partes, com experiência e conhecimento técnico da matéria. Sua atividade não se confunde com o exercício do poder normativo do Juiz do Trabalho, cuja decisão, ainda que se trate da criação de direitos, é amparada por fundamentos jurídicos. A Justiça do Trabalho não profere laudo e sim sentença constitutiva de normas, sujeita inclusive a recurso e sem prejuízo da utilização da ação de cumprimento pelos integrantes das categorias (BELMONTE, 2007).

Entende-se que o Poder Normativo não foi extinto, pois se a ideia do legislador fosse essa, certamente ele o teria feito expressamente. Contudo, não há como negar que o acesso ao poder normativo foi mitigado. A Emenda Constitucional 45/2004 visou estimular a negociação coletiva em detrimento ao amplo acesso ao judiciário trabalhista.

Quanto à natureza jurídica do comum acordo exigido nos dissídios coletivos de natureza econômica, muito se discute, já que alguns doutrinadores o consideram pressuposto processual enquanto outros entendem se tratar de uma nova condição da ação. Aqueles que defendem que o comum acordo se trata de pressuposto processual, destacam que ele deve ser prévio, e, portanto, contraído no ajuizamento em conjunto do dissídio coletivo, sob consequência de nulidade do processo, uma vez que os pressupostos processuais são requisitos de existência da relação jurídica processual.

Para Mauro Schiavi, esse acordo prévio praticamente extinguiria o poder normativo da Justiça do Trabalho, ao passo que se o conflito chegou à Justiça do Trabalho, é porque foram infrutíferas as tentativas de composição amigável do litígio (SCHIAVI, 2009, p. 966).

O comum acordo não é um pressuposto processual e sim uma condição da ação, assim, não pode ser considerado um requisito de validade da relação jurídica processual, mas uma condição prévia para a apreciação da pretensão conforme se extrai dos ensinamentos de Belmonte:

> Os pressupostos processuais dizem respeito aos sujeitos e ao objeto do processo, ou seja, se o juiz tem jurisdição e competência para exercê-la; se não tem impedimentos em relação a uma das partes; se a parte tem o *ius postulandi* e se está devidamente representada; se a

causa é original; se a petição inicial contém os requisitos que permitam a sua apreciação; etc.

Nosso entendimento é o de que para propor ou contestar ação, é preciso ter interesse e, se o dissídio de natureza econômica é exatamente um dissídio de interesses, estar em juízo com a concordância da parte contrária é uma das condições dessa ação. Enquanto o comum acordo é condição da ação, a comprovação da realização de assembleia com a participação do mínimo legal é pressuposto processual. (BELMONTE, 2007)

O comum acordo exigido para o ajuizamento dos dissídios coletivos de natureza econômica tem natureza jurídica de condição da ação, não tendo, portanto, exigência legal de concordância prévia, podendo caracterizar-se inclusive na forma tácita. A aceitação de forma tácita se dará quando não houver manifestação contrária ao ajuizamento do dissídio coletivo, uma vez que se houver manifestação em sentido contrário à apreciação do dissídio, o processo será extinto sem apreciação do mérito.

O judiciário trabalhista só é competente para criar normas jurídicas nos casos em que as partes diretamente interessadas concordarem que essa medida pode ajudar na resolução do conflito. Isso mitiga o poder normativo da Justiça do Trabalho, mas enfatiza uma das características fundamentais do Juiz do Trabalho, a de ser conciliador por natureza, levando em conta que as partes já demonstraram que estão dispostas ao diálogo.

A criação de normas jurídicas não é exclusividade da Justiça do Trabalho, haja vista que em todos os ramos do judiciário nos deparamos com decisões fundamentadas ao arbítrio dos juízes, principalmente quando existe lacuna legislativa. A normatividade dos princípios nunca foi tão latente, assim, a concepção pós-positivista vem cada vez mais tomando seu lugar de destaque nas decisões emanadas do judiciário como um todo.

# 5

# SINDICALISMO E REFORMA TRABALHISTA: AJUSTAR PARA LEGITIMAR

## 5.1 A falta de representatividade no modelo sindical brasileiro

A representatividade sindical está diretamente ligada à noção de democracia. O modelo sindical brasileiro passa por uma crise de representatividade, o que nos remete à necessidade de mudanças na estrutura das relações coletivas de trabalho. A crise é evidente, pois os sindicatos, que são autorizados a atuar além de seu quadro associativo, convivem com o declínio da filiação sindical e a fragmentação das entidades existentes.

A Constituição Federal de 1988 pode ser considerada como uma das melhores do mundo devido ao seu caráter democrático e humanista. No que concerne à questão sindical, sua redação reflete as pretensões das entidades sindicais da época de sua promulgação.[36] Como já mencionado, apesar da tentativa de libertar o sindicato do Estado, a Constituição de 1988 manteve instrumentos essencialmente corporativistas que nos assolam até os dias atuais.

[36] Nesse sentido, cumpre ressaltar o entendimento de Arnaldo Sussekind, que em sua biografia menciona que a liberdade sindical seria completa na Constituinte, contudo, um acordo entre os interessados resultou na concordância do Departamento Intersindical de Assistência Parlamentar – DIAP, em extinguir a estabilidade no emprego, desde que fosse preservada a unicidade e a contribuição sindical (PEGO, 2012, p. 40).

A simples manutenção da unicidade sindical e das contribuições desvairadas desvirtua o sindicalismo a tal ponto que o tornam completamente antidemocrático. Indiscutivelmente, o sistema de contribuição obrigatória de imposto sindical sempre colaborou para a criação de sindicatos fantasmas ou sem representatividade, além de servir para que alguns dirigentes se perpetuassem no poder[37].

Os típicos sindicalistas brasileiros se acostumaram tanto com a contribuição recebida sem qualquer contraprestação que não se ocuparam, ao longo dos anos, de prestar um serviço de qualidade aos seus representados com vistas a garantir uma arrecadação que independesse da lei. Com isso, a reforma trabalhista, ao retirar o caráter compulsório da contribuição sindical levou consigo cerca de 80% da arrecadação de todo o sistema sindical. Esses números evidenciam a insatisfação dos trabalhadores com suas entidades representativas. A verdade é que o sistema sindical está falido e esse foi somente o golpe de misericórdia que poderá manter a minoria que realmente se compromete com trabalhadores, mas que fatalmente trará uma nova mentalidade àqueles que quiserem se aventurar no maravilhoso mundo do sindicalismo brasileiro.

O sindicalismo brasileiro é bastante conflitante, já que nele se encontram princípios próprios de um sistema baseado na liberdade sindical, como as garantias de liberdade de associação e a administração das entidades sindicais, mas por outro lado, encontram-se disposições próprias de um modelo controlado pelo Estado, do tipo corporativista, como bem retrata Nascimento:

> Reconheça-se, no entanto, que o sistema de organização sindical que acolheu é contraditório; tenta combinar a liberdade sindical com a unicidade sindical imposta por lei e a contribuição sindical oficial. Estabelece o direito de criar sindicatos sem autorização prévia do Estado, mas mantém o sistema confederativo que define rigidamente bases territoriais, representação por categorias e tipos de entidades sindicais. (NASCIMENTO, 1989, p. 76)

---

[37] Nesse sentido, as palavras do Ministro João Orestes Dalazen: "As entidades não prestam o serviço que se espera. Bastaria que acabássemos com a contribuição sindical obrigatória e com o monopólio da representação sindical para que se produzisse profunda reforma na organização sindical" (Disponível em: http://economia.estadao.com.br/noticias/geral,modelo-sindical-brasileiro-e-arcaico-e-inconveniente-imp-,840984. Acesso em: 17 mar. 2015

Deste modo, o modelo sindical brasileiro pode ser considerado neocorporativista ou semicorporativista. Essas nomenclaturas apontam que no ordenamento jurídico pátrio não é possível enquadrá-lo facilmente dentre os modelos sindicais existentes no mundo em razão do caráter contraditório de sua matriz constitucional.

O atual modelo sindical brasileiro é obsoleto e pouco representativo, visto que propicia o aparecimento de sindicatos de fachada ou sem poderes de negociação. Na grande maioria dos sindicatos brasileiros, as assembleias, que são responsáveis por orientar o fluxo da administração da entidade, além das ambições da categoria, não têm a participação efetiva dos filiados e são conduzidas por lideranças sindicais pouco expressivas que só visam satisfazer suas próprias conveniências.

Isso se dá porque nosso sindicalismo não evoluiu com o passar dos anos como aconteceu em outros países, portanto, se encontra ultrapassado. Muito disso se deve à contribuição compulsória e ao monopólio da representação sindical, mas de uma forma geral, nossas bases sindicais não contribuem para o desenvolvimento sindical, pelo contrário, impedem que o movimento seja pautado na ampla liberdade sindical, principalmente no que concerne à influência estatal. Nesse aspecto, oportuno ressaltar as bases do sindicalismo brasileiro, muito bem sintetizadas nas palavras de Santos, que prevê os seguintes institutos:

> a) unicidade sindical, b) dirigismo estatal; c) forma associativa fundada na categoria; d) estrutura piramidal; e) fraca representação nos locais de trabalho; f) falta de densidade política dos sindicatos de base; g) reduzidas taxas de representação; h) contribuição sindical obrigatória e i) poder normativo dos tribunais do trabalho. (SANTOS, 2005, p. 180)

Superar o velho modelo corporativista autoritário brasileiro se mostra, cada vez mais, um desafio inadiável a fim de estabelecer uma democracia consistente. Para alcançarmos a democracia no que diz respeito ao sistema sindical, não basta que simplesmente sejam extraídos os traços corporativistas do ordenamento jurídico atual, mas que sejam implantadas na mesma medida ações que visem estruturar e proteger a atuação sindical brasileira (DELGADO, 2004, p. 1367).

Infelizmente, o sistema sindical brasileiro não funciona como deveria. O sindicalismo nacional consiste em saciar os anseios de suas diretorias, já que a criação de sindicatos ao longo dos anos se tornou um negócio, um grande negócio, só que para os diretores e não para os representados, sejam empregados ou empregadores. Os diretores das entidades sindicais permanecem por décadas nas diretorias dos sindicatos, federações e confederações, e vão se tornando cada vez mais complacentes a fim de se perpetuarem no poder.

Nosso modelo de sindicalismo beneficia as cúpulas sindicais, que permanecem indefinidamente no poder, dependendo de benefícios e das famigeradas contribuições sindicais. Com o fim da contribuição compulsória, haverá estímulo para a sindicalização e correspondente adesão de novos associados que podem contribuir espontaneamente como em qualquer associação. Novos associados sempre foram ameaças ao continuísmo exercido nas entidades e por isso, em virtude da contribuição compulsória, eram totalmente dispensáveis pelos diretores dos sindicatos até a reforma trabalhista.

Em matéria publicada no *site* do jornal *O Globo* em 29 de março de 2014 constatou-se que os sindicatos brasileiros receberam R$ 3,2 bilhões com a contribuição sindical compulsória no ano de 2013. A reportagem ainda apurou que existiam cerca de 2.100 sindicatos em fase de criação no Brasil e que os próprios sindicalistas admitiam que muitos eram criados apenas para garantir os repasses das verbas do imposto sindical. Na matéria cabe destacar o posicionamento de Wagner Freitas, presidente da Central Única dos Trabalhadores (CUT) que se dizia contrário à contribuição sindical compulsória por considerá-la arcaica e por não atender aos interesses dos sindicatos. Para ele, a associação sindical deveria ser livre e os sindicatos teriam que se manter com as receitas advindas da mensalidade associativa.

A matéria ainda retrata um caso bastante inusitado, ao considerarmos a prática sindical brasileira daquele período. O Sindicato dos Metalúrgicos do ABC, filiado à CUT, não satisfeito em demonstrar seu descontentamento com a cobrança da contribuição compulsória, chegou a recorrer à Justiça para deixar de receber a contribuição dos membros associados. A liminar, garantindo que o dinheiro não seria cobrado dos associados vigorou de 1996 a 2005. Todavia, o extinto Ministério do Trabalho, que tinha interesse direto na arrecadação, conseguiu cassar a liminar e o imposto voltou a ser recolhido. O presidente do sindicato alega que a partir daí começou a devolver o dinheiro arrecadado aos associados[38].

---

[38] OLIVEIRA, Germano. Sindicatos receberam R$ 3,2 bi de imposto em 2013, alta de 13%. *Jornal O Globo*. Disponível em: http://oglobo.globo.com/economia/sindicatos-re-

Em outra matéria divulgada no *site* do jornal *O Globo* que foi publicada no dia 20 de julho de 2015, são apontados alguns dados do Ministério do Trabalho que mostram que 8,5 mil dirigentes sindicais estavam no poder há mais de 10 anos. A reportagem faz um apanhado sobre os malefícios do continuísmo no sindicalismo brasileiro demonstrando alguns casos de falta de representatividade, nepotismo e conflito de interesses. A fim de esclarecer os danos da falta de representatividade, a matéria ainda aborda detalhes sobre o chamado "sindicato do crime", o Sindicato dos Empregados do Comércio de Niterói-RJ presidido por Rita de Cácia Rodrigues Almeida, que era acusada de desviar recursos de uma taxa paga por lojistas para a liberação do trabalho de seus funcionários durante os feriados. Rita tinha um mandato que já ultrapassava os 12 anos e percebia mais de R$ 50.000,00 (cinquenta mil reais) mensais para presidir a entidade. Seu filho era o vice-presidente do sindicato e recebia R$ 21.000,00 (vinte e um mil reais) mensais[39].

O sistema sindical brasileiro precisa ser reformado. Um dos pontos mais absurdos do nosso regime é a falta de fiscalização das cifras milionárias arrecadadas pelas entidades sindicais. Não há nenhum instituto que obrigue as entidades sindicais a prestar conta do dinheiro arrecadado a título de contribuição. Em 2014 a arrecadação da contribuição sindical cresceu 9,4% em relação a 2013 e chegou a quase R$ 3,5 bilhões. Dados do Fundo de Amparo ao Trabalhador (FAT) mostram que, do total do imposto, 55,83% foram distribuídos entre os pouco mais de 10 mil sindicatos existentes no país, 5,65% foram repassados a seis centrais sindicais reconhecidas pelo governo e o restante, às confederações, federações e à Conta Especial Emprego e Salário, administrada pelo Ministério do Trabalho.

Em 2015, o Ministério do Trabalho e Emprego divulgou que dos 9.954 sindicatos existentes no país, 480 receberam ao menos R$ 1.000.000,00 (um milhão de reais) a título de contribuição sindical obrigatória. O primeiro lugar em arrecadação naquele ano ficou com o Sindicato dos Comerciários de São Paulo, já que recebeu sozinho R$ 29.700.000,00 (vinte e nove milhões e setecentos mil reais). O valor total da arrecadação de 2015 se aproximou do 3 bilhões de reais e, em 2016, de 3,5 bilhões de reais.

---

ceberam-32-bi-de-imposto-em-2013-alta-de-13-12033184#ixzz3lvHY6MQO. Acesso em: 16 set. 2015.

39 BATISTA, Henrique Gomes; BERTA, Rubem. Representantes de quem? *Jornal O Globo*. Disponível em: http://oglobo.globo.com/brasil/dirigentes-sindicais-se-eternizam-no-poder-16841357. Acesso em: 16 set. 2015.

Em 2008, o então Presidente da República Luís Inácio Lula da Silva (Lula) vetou o texto do projeto de Lei de regulamentação das Centrais Sindicais que obrigava os sindicatos trabalhistas e patronais a prestar contas ao Tribunal de Contas da União (TCU). O veto do Presidente foi resultado da pressão conjunta exercida por sindicalistas patronais e dos trabalhadores que argumentavam que justificar gastos e despesas à Corte de Contas seria intervenção ou interferência estatal nas entidades sindicais e, portanto, ofensa à Constituição.

Com isso, as entidades sindicais brasileiras chegaram praticamente ao paraíso e podem ser consideradas como um dos melhores negócios que existem no momento. Cumpre ressaltar que elas, na maioria das vezes, não prestam nenhum serviço, auferem grandes receitas financeiras e não prestam conta dos recursos embolsados, nem tampouco da aplicação dos valores arrecadados.

O Estado não mantém qualquer ingerência em relação à aplicação dos recursos arrecadados pelos sindicatos. Imperioso ressaltar que não cabe ao Estado, absolutamente, interferir na forma de administração das entidades sindicais, mas novas medidas poderiam ser concretizadas a fim de moralizar e fiscalizar as receitas arrecadadas pelos sindicatos, afinal, trata-se de dinheiro público livremente administrado por particulares. O Estado poderia intervir por meio de legislação impondo a verificação, ou ainda, implantar definitivamente a tão exaltada liberdade sindical, sujeitando o sindicato a angariar sua "clientela". Nesses moldes, a averiguação desses valores arrecadados seria concretizável, assim como já ocorre em instituições de caráter semelhante.

A CLT prevê a distribuição dos recursos arrecadados por meio de contribuição entre os sindicatos, federações, confederações e Centrais Sindicais, mas a administração é uma caixa preta, que seria aberta naturalmente com a pluralidade sindical e a proibição da cobrança das contribuições sem finalidade específica[40]. Assim, se faz necessária a ratificação da Convenção 87 da OIT de 1948 que a maior parte dos países ratificou, mas o Brasil ainda não. A Convenção prevê a liberdade sindical ampla, a possibilidade de surgirem sindicatos de forma espontânea e desvincula de uma vez por todas o sindicalismo do Estado.

---

[40] É o entendimento do Ministro do Tribunal Superior do Trabalho Alexandre de Souza Agra Belmonte.

Como visto, o sindicalismo brasileiro necessita de representatividade. Os próprios trabalhadores não se sentem amparados por seus sindicatos, pelo contrário, não vêm mais a instituição com bons olhos, já que a grande maioria só existe para arrecadar o dinheiro das contribuições livremente estipuladas e aquelas que até pouco tempo eram recebidas compulsoriamente sem qualquer contraprestação.

Diante do exposto, devemos concluir que no Brasil, apesar do retorno à ordem democrática que foi promovido pela Constituição de 1988, ainda não há plena democracia na esfera das relações sindicais, uma vez que a Constituição fixa os critérios para a organização de sindicatos e determina que a representação sindical seja conferida a apenas uma entidade (art. 8º, II). Consagrada no ordenamento jurídico brasileiro, a noção de representação legal implantada no período corporativista aflige nosso sistema sindical, o que foi pertinente num primeiro momento, mas que hoje não se sustenta mais.

## 5.2 Enquadramento obrigatório por categoria

O enquadramento sindical no sistema sindical brasileiro se regula pelo critério da atividade econômica preponderante do empregador conforme estabelece o art. 511 da CLT, excetuados somente os empregados pertencentes à categoria profissional diferenciada, de acordo com o conceito previsto no parágrafo 3º desse mesmo artigo, ou seja, o enquadramento sindical patronal se define através da atividade preponderante do estabelecimento e, em decorrência dessa categoria econômica, é que se aponta a categoria profissional correspondente. Em outras palavras, pode-se dizer que quem trabalha em metalúrgica é metalúrgico, quem trabalha em banco é bancário e assim por diante.

No que concerne à categoria diferenciada, é formada por trabalhadores que se juntam porque têm afinidade, independentemente do local que exercem a atividade. São os casos de motoristas ou secretárias de uma empresa metalúrgica, já que estes dispõem de categoria própria, ou diferenciada, portanto, não serão enquadrados na mesma categoria dos demais empregados. Também são consideradas categorias diferenciadas aquelas profissões que possuem estatuto próprio, como os advogados, os contadores e os médicos, entre outros.

Nesta senda, destaca-se a orientação de Valentin Carrion:

> Categoria profissional diferenciada é a que tem regulamentação específica do trabalho diferente da dos demais empregados da mesma empresa, o que lhes faculta convenções ou acordos coletivos próprios, diferentes dos que possam corresponder à atividade preponderante do empregador, que é a regra geral. (CARRION, 2008, p. 425)

O critério definidor do enquadramento sindical é o da especificidade, previsto no art. 570 da CLT, de modo que o critério da agregação (art. 570, parágrafo único da CLT) tem caráter subsidiário, aplicando-se apenas quando não for possível aos praticantes de quaisquer atividades ou profissões se sindicalizarem com eficiência pelo critério da especificidade.

O princípio da especificidade contempla uma maior adequação sindical, ao passo que quanto mais específico for o sindicato, maior a possibilidade de representar melhor os sindicalizados, visto que o conhecimento dos anseios e dificuldades da classe específica colabora para uma representação eficaz.

No que se refere ao princípio da agregação, este se relaciona com a ideia de uma maior abrangência representativa, o que consequentemente diminui a especificidade da representação sindical. A agregação está relacionada com uma maior abrangência de classes, e também da base territorial, o que, dentro do sistema sindical pode acarretar prejuízo aos representados, tanto empregadores quanto empregados.

Na jurisprudência da Superior Corte Trabalhista, fica evidenciado que foi considerado legítimo e representativo o sindicato que melhor atende ao princípio da especificidade, nos termos do art. 570, da CLT, sendo, ainda, permitido o desmembramento, nos termos do art. 571, da CLT, para a formação de sindicatos específicos, objetivando a melhor representatividade da categoria. De tal modo, cumpre ressaltar a jurisprudência recente do Colendo Tribunal Superior do Trabalho:

> AGRAVO DE INSTRUMENTO. RECURSO DE REVISTA. ENQUADRAMENTO SINDICAL. DECISÃO EM HARMONIA COM A JURISPRUDÊNCIA ITERATIVA, NOTÓRIA E ATUAL DO TST. PRECEDENTES DA SBDI-1. NÃO PROVIDO. O acórdão, considerando que a atividade preponderante da empresa é a comercialização de refeições rápidas, concluiu pelo enquadramento sindical no SINDFAST, instituição com representação mais específica que o SINTHORESP. De acordo com art. 570, da CLT, o enquadramento sindical deve se utilizar do critério da especificidade, sendo, ainda,

> permitido o desmembramento, nos termos do art. 571, da CLT, para a formação de sindicatos específicos, objetivando a melhor representatividade da categoria. Decisão em sintonia com a jurisprudência atual da Superior Corte Trabalhista, cristalizada em precedentes da SBDI-1, aspecto que obsta o seguimento do recurso sob quaisquer alegações, consoante disposto na Súmula nº 333 do TST. Agravo de instrumento não provido. (Tribunal Superior do Trabalho. Agravo de Instrumento em Recurso de Revista: 24648720135020057, 5ª Turma, Relator: Desembargador Convocado: José Rêgo Júnior – *DEJT* 05/06/2015).

Os artigos 511 e 570 da CLT foram recepcionados pela Constituição de 1988, entretanto, o enquadramento oficial desapareceu, sendo substituído pelo enquadramento espontâneo, ou seja, é permitida a agregação por similaridade ou conexão quando o número reduzido de atividades ou profissões não permitir uma representação eficaz, mas uma vez adquirida a representatividade para defesa eficaz de interesses específicos, a CLT admite a dissociação dos sindicatos ecléticos (art. 571).

O modelo sindical vigente em nosso país se orienta pelo critério da simetria sindical ou do paralelismo simétrico, segundo o qual o enquadramento sindical do empregado é feito por oposição ao sindicato da categoria econômica respectiva, esta, por sua vez, definida na forma do parágrafo 2º do art. 581 da CLT a partir da atividade preponderante do empregador.

A respeito do paralelismo simétrico, cumpre demonstrar o aresto do Egrégio Tribunal Regional do Trabalho do Rio de Janeiro:

> OPERADOR DE TELEMARKETING. OPERADOR DE TELEMARKETING. ATIVIDADES CARACTERIZADORAS DA FUNÇÃO. REPRESENTAÇÃO SINDICAL. CRITÉRIO DO PARALELISMO SIMÉTRICO. PREVALÊNCIA DA CONVENÇÃO COLETIVA MAIS FAVORÁVEL. A atividade de telemarketing abrange qualquer atividade desenvolvida através de sistemas de telemática e múltiplas mídias, objetivando ações padronizadas e contínuas de marketing (por exemplo: serviços de atualização de cadastros, representação de serviços, abertura de ocorrências para pedido de serviços, reparos de defeitos e prestação de informações entre outros). O direito positivo pátrio historicamente adota o critério do paralelismo simétrico para a organização sindical, assim, no polo oposto ao sindicato de empregadores identifica-se o sindicato de empregados. O artigo 620 da CLT expressa prevalência da convenção coletiva sobre o acordo coletivo sempre que mais favorável. (Tribunal Regional do Trabalho do Rio de Janeiro (TRT-1).

> RO: 1420200306201005, 5ª TURMA, Relator: Desembargador Alexandre de Souza Agra Belmonte - *DORJ* DE 18/10/2004, P. III, S. II, FEDERAL).

No que diz respeito à liberdade de filiação sindical, não é plena no ordenamento jurídico brasileiro, já que a filiação deve abranger não apenas a possibilidade de ingresso ou não a sindicato, mas também ao sindicato da escolha do trabalhador. Em outras palavras, pode-se dizer que a imposição legal da unicidade não se sustenta mais, uma vez que a liberdade sindical zela pela livre escolha, seja individual ou coletiva. A atuação de uma entidade sindical não deveria ser delimitada através de uma região ou categoria, uma vez que a vontade soberana da maioria deveria ser respeitada já que os sujeitos proprietários do direito em discussão é que seriam beneficiados ou prejudicados por suas opções (PEGO, 2012, p. 76).

Avaliando a ideia de categoria no ordenamento jurídico brasileiro, cumpre ressaltar o entendimento de Romita:

> Generalizou-se a falsa ideia de que sindicato só pode ser criado por categoria. Só no Brasil, hoje em dia, esta noção ainda aparece como dominante. Na verdade, o fundamento do sindicalismo, à luz da história e no plano do Direito Comparado, repousa, na profissão, por vezes no ofício. A opção pela categoria nos foi legada pelo corporativismo italiano do tempo de Mussolini. Infelizmente, como outras diversas outras más influências daquela nefasta ideologia, a sindicalização por categoria veio para ficar. (ROMITA, 1996, p. 515)

A Constituição Federal da Espanha dispõe que a liberdade sindical do trabalhador será preservada ao passo que permite sua entrada, retirada ou não participação em sindicato. Na Argentina os trabalhadores têm garantido constitucionalmente o direito de constituir organizações que entendam convenientes de acordo com o artigo segundo da Convenção 87 da OIT (PEGO, 2012, p. 73, 75).

A liberdade de filiação sindical realmente não prevalece no sindicalismo brasileiro. Alguns institutos constitucionais procrastinam uma associação efetivamente livre, que só viria com a pluralidade sindical. Por algum motivo, a Constituição Federal de 1988 "deu com uma mão e tirou com a outra", porque manteve o registro sindical, a unicidade e a organização confederativa. Essas limitações estão sempre presentes nas formações iniciais das entidades sindicais e não podem ser superadas. Quando se vive em um Estado de Direito não há como atropelar seu ordenamento jurídico restritivo que contempla essa dita "liberdade" até que lei específica discipline a questão. Considerando uma liberdade sindical plena, esta só existiria se fosse apagada a legislação atual e se partisse do zero absoluto na matéria para se criar algo absolutamente livre (BATALHA, 1994, p. 121).

A ideia de enquadramento obrigatório por categoria que é prevista no ordenamento jurídico brasileiro não é compatível como Estado Democrático e Constitucional de Direito, no entanto, permaneceu firme por todo período de redemocratização e continua ditando as regras no sindicalismo nacional. A categorização deve ser livre, por profissão, por setor, por empresa, enfim, deve se dar da maneira que se mostre mais representativa no plano fático, já que o Estado nunca esteve nem estará apto a determinar quem melhor pode representar as classes de empregados e empregadores com suas respectivas peculiaridades.

Feitas essas considerações, por fim cumpre ressaltar o fracionamento das categorias sindicais que está previsto no art. 511 da CLT. As categorias sindicais se agrupam mediante critérios de similitude e conexão, com especialidades diversas, assim, um único sindicato pode incorporar trabalhadores de várias especialidades.

Não existe na doutrina ou na jurisprudência unanimidade quanto aos termos empregados a fim de estabelecer o fracionamento das entidades sindicais. O fato é que são duas as situações em que se permite o fracionamento das categorias: o baseado no critério geográfico e o no da especificação da categoria. Basicamente existem duas formas de fracionar as entidades sindicais, o desmembramento (categoria) e a dissociação (geográfico). Alice Monteiro de Barros se vale dos termos desmembramento para se referir ao fracionamento pelo critério da especificação, e descentralização (dissociação) ao se referir ao critério geográfico:

> Já no tocante às categorias agrupadas em entidades sindicais, consoante o critério de similitude e conexão, com especialidades diversas, poderá ocorrer o desmembramento, de acordo com o disposto no art. 511, §3º da CLT. Assim, um sindicato municipal que congregue trabalhadores na indústria de doces, conservas alimentares, açúcar e aveia poderá ter sua representação reduzida com a constituição de um sindicato específico dos trabalhadores da indústria de aveia, tendo em vista o princípio legal da especificidade. O mesmo poderá verificar-se no que tange à descentralização de uma categoria, ou seja, na hipótese de existir um sindicato de base nacional (dos aeronautas, por exemplo), nada impede que se crie um sindicato estadual dessa

> categoria, assegurando-se sempre à parte que se julgar prejudicada o recurso ao Judiciário, na forma do art. 114, III, da Constituição de 1988. (BARROS, 2009, p. 1236)

As entidades sindicais podem ser constituídas por meio de formação simples, por dissociação ou por desmembramento. A formação simples ou originária do sindicato acontece quando, no momento da sua constituição, não exista nenhum sindicato representativo do segmento desejado e este seja o primeiro a ser formalizado. A constituição de uma entidade sindical por desmembramento (categoria) acontece quando já exista sindicato representando mais de uma atividade ou profissão e exista o propósito de constituir um sindicato específico para aquela profissão ou atividade. Já no que concerne à criação de um novo sindicato por dissociação (geográfico), esta ocorre quando já exista um sindicato que abranja extensa região geográfica. Esse sindicato poderá ser desmembrado em sindicatos menores da mesma categoria, porém limitados, minimamente, a um Município.

Sendo assim, não há qualquer impedimento para que uma categoria originariamente integrada de várias atividades ou profissões, conexas ou similares, em qualquer grau de representação, dissocie-se ou desmembre-se em uma atividade ou profissão, criando, por fracionamento, uma categoria específica, com sindicato apropriado.

### 5.2.1 Unicidade e pluralidade sindical

A unicidade sindical pressupõe a existência de uma única entidade sindical representativa da mesma categoria em determinada área territorial. O sistema de unicidade sindical foi implantado no Brasil nos anos ditatoriais de 1930 até 1945 e foi mantido pelas décadas seguintes, inclusive na Constituição Federal de 1988 que manteve a estrutura do modelo de sindicato único, organizado pelo critério de categoria, com monopólio de representação na respectiva base territorial.

A manutenção da unicidade sindical na Carta Constitucional de 1988 é retratada por Nascimento da seguinte forma: "A Constituição Federal de 1988 conservou a unicidade sindical, impondo o princípio do sindicato único, o que não acompanhou a evolução do sindicalismo dos países democráticos" (NASCIMENTO, 2005, p. 1043).

O sistema brasileiro de sindicato único por categoria em determinada base territorial é imposto pela Lei, portanto, não existe a possibilidade do agrupamento se realizar de forma espontânea a fim de formar uma organização sólida, uma unidade de fato. Não cabe aos trabalhadores também eleger dentro da empresa o sindicato que será o responsável pela representação da categoria, já que a filiação é compulsória ao sindicato e independe da vontade dos representados.

Como atenuante à imposição legal da unicidade sindical apresenta-se o desmembramento ou a dissociação, pois é permitido às categorias conexas ou similares que se desmembrem a fim de criar uma nova entidade sindical mais específica se tratando de categoria ou região geográfica.

A esse respeito, cabe destacar o recente entendimento do Colendo Tribunal Superior do Trabalho, assim como do Egrégio Supremo Tribunal Federal:

> SINDICATO. CRIAÇÃO POR DESMEMBRAMENTO. BASE TERRITORIAL. LIMITE MÍNIMO. UNICIDADE SINDICAL.
>
> 1. É sabido que o princípio da liberdade sindical assegurado pela Constituição da República na cabeça do seu artigo 8º é mitigado pelo princípio da unicidade sindical consagrado no inciso II do mesmo dispositivo. Esse princípio, por sua vez, não afasta a possibilidade de que ocorra o desmembramento de determinado sindicato, que passa a abranger base territorial reduzida em virtude da criação de novo ente sindical, limitando-se o comando constitucional a vedar que a abrangência dos novos sindicatos seja inferior à área de um município. Precedentes do Supremo Tribunal Federal, bem como do Tribunal Superior do Trabalho.
>
> 2. À vista de tais considerações e do registro feito pela Corte de origem, no sentido de que foram preenchidos os requisitos exigidos para o desmembramento - premissa fática intangível, a teor da Súmula n.º 126 deste Tribunal Superior, não se caracteriza a alegada violação do artigo 8º, II, da Constituição da República.
>
> 3. Agravo de instrumento a que se nega provimento. (Tribunal Superior do Trabalho. Agravo de Instrumento em recurso de Revista: 1020320115150096, 1ª TURMA, Relator: Ministro Lelio Bentes Corrêa – *DEJT* 29/08/2014).
>
> ORGANIZAÇÃO SINDICAL – UNICIDADE SINDICAL MITIGADA.
>
> Mostra-se possível o desmembramento de Sindicato com a criação de um novo a representar a mesma categoria, desde que situado em município diverso. Inteligência do artigo 8º, inciso II, da Constituição Federal. (Supremo Tribunal Federal. Recurso Extraordinário: 646509 SP, Primeira Turma, Relator: Ministro Marco Aurélio – ACÓRDÃO ELETRÔNICO *DJe*-163. DIVULG. 22-08-2014. PUBLIC. 25-08-2014).

A questão da unidade sindical não é pacífica entre os doutrinadores, ao passo que seus defensores argumentam que ela fortalece o sindicato na medida em que ao não existir concorrência efetiva, a categoria se agrupa tornando-se mais forte. Outro argumento sempre utilizado em favor da unicidade é a integração da profissão, critério bastante interessante, mas que deve ser fruto da livre vontade dos integrantes, e não imposta pelo Estado. Aos que criticam a unicidade é quase unânime o entendimento que ela fere o princípio da liberdade sindical exaltado em diversos tratados internacionais.

Evaristo de Moraes Filho é considerado um dos grandes defensores da unicidade sindical, que afirma que ela não ocasionaria qualquer mácula ao conceito e à prática democrática. Em seu entendimento, os defensores do pluralismo sindical são contraditórios na medida em que exigem serem os associados de um sindicato pertencentes a uma mesma profissão. Para o autor essa exigência se trata de uma imposição que incide numa forma de restrição à liberdade, o que os pluralistas tanto combatem.

Ainda em prol da unicidade sindical, argumenta João José Sady:

> Apesar de certos malefícios evidentes, apresenta em contrapartida a vantagem de ser um fator aglutinador dos assalariados. A falta de democracia de per si já provoca o atraso na consciência dos trabalhadores e a precariedade das entidades sindicais com baixíssimos índices de sindicalização e muito pouca representatividade, faz crescer a preocupação pela unidade sindical. Neste cenário, teoricamente a unicidade imposta pela Lei impediria a pulverização de determinada base/categoria em vários sindicatos, cada um sustentando-se em uma determinada corrente política, ideológica ou religiosa. (SADY, 1985, p. 38)

Na opinião de Orlando Gomes e Elson Gottschalk (2008), a representação coletiva dos interesses da profissão inteira, por um só sindicato, seria uma consequência lógica da indivisibilidade desses interesses. Além disso, demonstram que considerando o histórico do fenômeno sindical, todas as vezes que a categoria profissional se fez representar por várias organizações, as lutas frequentes culminaram no enfraquecimento e na fragmentação do sindicalismo. Argumentam também quanto aos efeitos da representatividade nas negociações coletivas numa situação de pluralidade sindical, mas eles próprios enumeram algumas formas de solucionar o conflito, tais como escolher o sindicato mais representativo, o mais antigo ou até por meio de eleição, o que parece o mais adequado (GOMES; GOTTSCHALK, 2008, p. 556-557).

Mesmo existindo quem aprecie a unicidade, grande parte da doutrina tem entendimento diverso, e considera que a Constituição Federal de 1988 é contraditória quando impõe a obrigatoriedade do sindicato único e ao mesmo tempo prevê a livre associação profissional ou sindical. Sergio Pinto Martins considera a estrutura sindical brasileira como uma herança deixada pelo regime corporativista que limita o direito de liberdade sindical, conforme se extrai de seus ensinamentos: "Está a estrutura sindical brasileira baseada ainda no regime corporativo de Mussolini, em que só é possível o reconhecimento de um único sindicato" (MARTINS, 2006, p. 699).

Com esse mesmo entendimento, Maurício Godinho Delgado acredita ser o monismo sindical um dos mecanismos autoritários mantidos pela Constituição de 1988, que acaba por inviabilizar a construção de um padrão democrático de gestão social e trabalhista no Estado brasileiro (DELGADO, 2008, p. 118).

No entendimento de Arnaldo Sussekind, a razão de existir da unicidade sindical era evitar o fracionamento dos sindicatos e consequentemente, o enfraquecimento das respectivas representações. Em seguida, não mais defensor do referido sistema de sindicato único, lembrava que seu antigo posicionamento se fundava na falta de espírito sindical da época em que os sindicatos começaram a surgir no Brasil, o que dificultava a formação de entidades sindicais e a filiação dos trabalhadores aos mesmos. O autor acreditava que o fracionamento não era o ideal, mas enfatizava que a união deve decorrer da vontade das partes, ou seja, os próprios grupos de trabalhadores ou de empresários devem perceber que juntos possuem mais força e podem alcançar melhores condições de vida e trabalho (SUSSEKIND, 2010, p. 553-554).

A pluralidade sindical se fundamenta na ideia da plena liberdade de criação de entidades sindicais, mesmo que já existam sindicatos que representem aquela categoria. Assim, tanto a categoria profissional quanto a econômica têm autonomia para criarem quantas entidades representativas entenderem necessárias, sem qualquer intervenção ou autorização estatal. A pluralidade também implica na livre escolha da entidade sindical que representará trabalhadores ou empregadores.

O sistema de pluralidade sindical admite em uma mesma base territorial a existência de diversos sindicatos representando legalmente a mesma categoria. Nesse sentido, conceituando a pluralidade sindical, cumpre ressaltar as palavras de Batalha:

> Pluralidade sindical consiste na permissão de várias entidades, na mesma base territorial, exercerem a representação da mesma categoria, disputando-se qual o sindicato mais representativo, ou as condições para uma participação proporcional na representação da categoria. (BATALHA, 1994, p. 83)

A pluralidade é o sistema que impera na maior parte dos países, tais como França, Espanha e Itália, não sendo, entretanto, o que vigora no Brasil. Em alguns países como Alemanha e Reino Unido a unicidade sindical é facultativa, mas por conscientização dos trabalhadores, vigora a unidade de representação, que é a união espontânea em torno de uma única entidade sindical. Nos Estados Unidos, diante de vários sindicatos, os empregados escolhem por meio de votação o que terá a representatividade única. O princípio da liberdade sindical exaltado pela OIT acolhe a unidade fática de representação, mas determina que o respectivo ordenamento jurídico permita a pluralidade de associações, em qualquer nível. No que concerne à estruturação, a OIT prevê que os trabalhadores podem organizar suas entidades sindicais pelo critério de categoria, profissão, ofício, empresa e até estabelecimento (NASCIMENTO, 2011, p. 217).

Historicamente, a organização sindical brasileira já se pautou pelo sistema da pluralidade na Constituição Federal de 1934, apesar disso, a experiência não foi satisfatória, o que levou o constituinte de 1937 a retomar o sistema da unicidade. Um dos fatores que contribuíram para a erradicação do sistema pluralista foi a grande participação política nos sindicatos e dos sindicatos na política, o que certamente provocou um verdadeiro jogo de interesses desencadeando a proliferação de pequenos sindicatos organizados por empresa, além de sindicatos fantasmas que tinham por finalidade tornar seus membros politicamente elegíveis nos termos da legislação vigente à época.

Em prol da pluralidade sindical, vislumbrando uma unidade associativa, cumpre ressaltar as palavras de Sérgio Pinto Martins:

> Com a pluralidade sindical, cada um poderia constituir o sindicato que quisesse. Os sindicatos devem ser criados por profissão ou por atividade do empregador, porém livremente. A tendência seria, num

> primeiro momento, a criação de muitos sindicatos. Posteriormente, as pessoas iriam perceber que muitos sindicatos não têm poder de pressão e iriam começar a se agrupar [por meio da unidade sindical], pois sozinhos não teriam condições de reivindicar melhores condições de trabalho. (MARTINS, 2006, p. 700)

Como já mencionado, a unidade sindical consiste na união espontânea em torno de uma única entidade sindical. Não há que se confundir unicidade sindical com unidade sindical. No primeiro caso, como já visto, existe uma imposição, por parte do Estado, de somente se criar um único sindicato em cada base territorial. Já no segundo, a união entre os participantes deriva da sua própria vontade, o que pode ocorrer com vistas a um maior fortalecimento dos entes sindicais, mas, de qualquer modo, a necessidade ou a viabilidade seria verificada no caso concreto.

Deve-se ressaltar que a liberdade de sindicalização pode reduzir a representatividade da classe trabalhadora, ao passo em que seus esforços podem se dividir em várias associações profissionais e com trabalhadores não filiados que se beneficiam das conquistas negociadas pelos associados, sem, contudo ter participado ativamente do enfrentamento. Quanto ao empregador, um cenário de liberdade sindical plena seria bastante oportuno, já que poderia contratar apenas empregados não sindicalizados ou sindicalizados oriundos de entidades pouco representativas. Sendo assim, a adoção da pluralidade sindical requer uma legislação eficiente, sólida e adaptável aos costumes e aos atos antissindicais, principalmente no que se refere a adaptação à extinção da contribuição sindical compulsória, além da instituição da contribuição de solidariedade.

Analisando a unicidade e a pluralidade sindical, cumpre ressaltar alguns argumentos a fim de demonstrar pontos desfavoráveis que envolvem os dois sistemas. No que se refere à unicidade sindical, esta limita a liberdade sindical plena; torna o sindicato um produto artificial da lei, ou retira sua espontaneidade privada; se mantém sob a égide do intervencionismo estatal; institui os dirigentes sindicais "profissionais" e cria a desconfiança dos trabalhadores no que diz respeito à independência. Já no que se refere ao modelo pluralista, ele prejudica a unidade da classe trabalhadora; incita lutas entre sindicatos e dirigentes rivais; estimula a criação de novas entidades por mera vaidade de dirigentes que discordam em alguns pontos e enfraquece e desvirtua o verdadeiro sindicalismo focado na luta operária (RUSSOMANO, 1997, p. 90).

Não há como divergir da liberdade sindical plena. Consequentemente a pluralidade sindical é o sistema mais adequado ao garantir a liberdade às entidades sindicais. Contudo, o pluralismo sindical, mesmo sendo democrático, ainda pode encontrar alguma resistência ao ser implantado no Brasil, principalmente porque muitos ainda o consideram como fragmentador das entidades sindicais. Hoje não podemos conjecturar a unidade sindical, que é o preceito ideal, pois nos vemos presos ao instituto da filiação compulsória. Só quando for instituída a pluralidade sindical saberemos como o sindicalismo livre vai se desenvolver em nosso país. Uma coisa é certa, essa democratização do sistema sindical seria revolucionária e traria sobrevida ao nosso sindicalismo, já que não haveria mais espaço para sindicatos de fachada, haja vista que caberia às entidades "angariar a clientela", o que se daria somente por meio de uma representação efetiva.

## 5.3 Financiamento sindical

A independência financeira das entidades sindicais se materializa pela capacidade de exercerem livremente suas atividades mediante recursos próprios, independentemente de qualquer interferência, quer estatal, quer dos sindicatos entre si, quer dos empregadores. A existência de recursos próprios evidencia a livre atuação sindical e mantém o sindicato livre de intervenções externas.

As contribuições sindicais estão dispostas em várias modalidades e são consideradas as principais fontes de custeio da estrutura sindical brasileira. O sindicato sobrevive das contribuições por ele arrecadadas. Em nosso ordenamento, a receita das entidades sindicais é composta pela contribuição sindical, que é determinada por lei, a contribuição confederativa, estipulada por Assembleia Geral, a contribuição assistencial, oriunda de assembleias, acordos, convenções e dissídios coletivos, além da contribuição associativa, que consiste na mensalidade liquidada pelos sócios.

O patrimônio das entidades sindicais consiste no conjunto de bens que servem para o cumprimento das finalidades sindicais de representação e de defesa de interesses dos trabalhadores. No Brasil, o patrimônio das entidades sindicais se perfaz das receitas ordinárias e extraordinárias, correspondente às contribuições instituídas ou convencionadas que podem ser cobradas, bem como das doações, legados, multas, bens e rendas decorrentes dos mesmos, entre outros, conforme o art. 548 da CLT (PEGO, 2012, p. 93).

### 5.3.1 Contribuição sindical e a Reforma Trabalhista

A contribuição sindical obrigatória é a mais polêmica entre as formas de arrecadação sindical, visto que está prevista na Consolidação das Leis do Trabalho (artigos 578 a 610), sendo devida por todos os integrantes que participem de alguma categoria econômica ou profissional. Essa contribuição equivale a um dia de trabalho, sendo recolhida anualmente no mês de março sob a responsabilidade do empregador.

No Brasil, o sistema sindical é alimentado pelas contribuições previamente dispostas pelo Estado, o que colabora para o enfraquecimento da representação sindical, ao passo que a arrecadação será garantida independentemente da intensidade da atuação. O modelo brasileiro de imposição das contribuições sindicais pode ser considerado um dos principais fatores que tornam as entidades sindicais brasileiras pouco representativas.

Conforme a referência de Romita, o Brasil era até 2017 o único país no mundo que contemplava o instituto da contribuição compulsória em seu ordenamento:

> O Brasil é, assim, o único país no mundo cujo ordenamento positivo contempla este verdadeiro atentado à liberdade sindical, que é o instituto da contribuição sindical compulsória. Nem os regimes corporativos da Espanha e de Portugal, nem a Charte du Travail francesa, de 4 de outubro de 1941, conheceram esta famigerada 'contribuição'. Nos Estados Unidos, até a cláusula de desconto em folha (*checkoff clause*) foi tida por antidemocrática, até que a Lei Taft-Hartley (*Labor Management Relations Act,* de 1947) declarou ilegais os acordos que permitiam aos empregadores deduzir automaticamente as contribuições dos salários dos associados do sindicato, ressalvadas as autorizações individuais, por escrito. Na França, tal cláusula é proibida por lei.[41]

A contribuição sindical foi criada pela Constituição Federal de 1937 em um período de autoritarismo no qual a organização sindical se mostrava plenamente vinculada ao Estado. Apesar de sua origem autoritária, por ser oriunda de uma Constituição outorgada, a contribuição sindical foi admitida pela Constituição da República de 1988, mesmo diante da tentativa de implantar a liberdade sindical. A Constituição Federal de 1988, ao

---

[41] ROMITA, Arion Sayão. *A septuagenária consolidação das leis do trabalho*. Disponível em: http://www.trt1.jus.br/documents/10157/f1210e45-c175-492a-a5be-c3e57b9a8ecf. Acesso em: 13 mar. 2015.

manter a contribuição sindical compulsória, perdeu a chance de excluir da organização sindical brasileira um dos traços mais marcantes do regime corporativista.

Nesse sentido, Orlando Gomes e Elson Gottschalk, condenam a contribuição sindical compulsória argumentando que em um país democrático que preza pela liberdade sindical, não há respaldo para que uma pessoa jurídica de direito privado seja sustentada por tributos públicos, conforme se extrai:

> A contribuição sindical representa, no fundo, uma deformação legal do poder representativo do sindicato. Baseado numa fictícia representação legal dos interesses gerais da categoria profissional (art. 138 da Carta de 1937), atribui-se, por lei, ao sindicato, os recursos tributários impostos pelo próprio Estado, à guisa de estar legislando em nome do sindicato. Daí dizer-se que o mesmo tem poderes de impor contribuições a todos os que pertencem às categorias econômicas e profissionais (letra *e*, art. 513, CLT). (...) O sindicato, alimentado por um tributo público, vivendo às expensas do Estado, controlado por este, perdeu a sua independência, alienou toda a sua liberdade. Se todas as modalidades de controle que o sistema sindical pátrio impõe ao sindicato deixassem de existir, por uma reforma completa da lei sindical, bastaria a permanência deste tributo para suprir-lhe qualquer veleidade de independência. (GOMES; GOTTSCHALK, 1984, p. 714-715)

A natureza compulsória da contribuição sindical era antidemocrática e incompatível com a liberdade sindical, servia como financiadora do sindicalismo de fachada, criando impedimento ao livre desenvolvimento sindical. Adequado seria que as contribuições de cunho sindical fossem instituídas pelos próprios estatutos ou mediante instrumentos coletivos, livres de qualquer ingerência estatal.

Segadas Vianna defende que a contribuição sindical obrigatória não era para que o sindicato vivesse à custa do Estado, mas para aplicação em finalidades assistenciais, proibindo que fossem aplicadas na manutenção dos seus serviços normais, que deveriam ser atendidos pelas suas rendas próprias (VIANNA, 1972, p. 112).

Infelizmente, a contribuição sindical foi se tornando a principal razão de existir das entidades sindicais de fachada ou sindicatos pelegos. Esses entes não possuíam qualquer representatividade, não se comprometiam com o associativismo nem com os filiados, e não tinham qualquer interesse de melhorias nas condições de vida dos representados; com lideranças que careciam de legitimação, buscavam apenas benefícios próprios por meio da garantia de emprego e da receita compulsória que garantia a arrecadação.

A fim de ilustrar o funcionamento de uma entidade sem representatividade, cumpre ressaltar a atuação dos sindicatos que não zelam pela figura dos associados, já que estes podem criar empecilhos aos abusos das diretorias. Pode-se dizer que a arrecadação dessas entidades era, até 2017, totalmente baseada na contribuição compulsória e nada era revertido ao trabalhador da categoria.

Nessas entidades, as Assembleias são celebradas de forma obscura, sem a divulgação apropriada entre os trabalhadores e em conluio com os empregadores que se encarregam de levar um número suficiente de empregados corrompidos para a aprovação dos acordos correspondentes, assim, são aprovadas mais contribuições, como a assistencial, por exemplo. Também não é incomum que os empresários paguem uma "gratificação" para os diretores que conduzem as negociações como forma de retribuição pela celebração do acordo em moldes satisfatórios.

Em junho de 2015, a Rede Globo de Televisão exibiu uma reportagem no programa Fantástico em que dirigentes sindicais corruptos enriqueceram à custa do sindicato. A reportagem mostrou que o sindicato dos comerciários do Rio de Janeiro está nas mãos de uma família (Mata Roma) há quase cinquenta anos. Eram quinze os membros da família empregados no sindicato, mas a grande maioria sequer comparecia ao trabalho. Como exemplos de salários declarados aos parentes, a reportagem apontou que a esposa e o filho do presidente recebiam mais de R$ 20.000,00 (vinte mil reais) mensais cada um e que os diretores percebiam uma renda mensal que chegava aos R$ 61.000,00 (sessenta e um mil reais) além do cartão corporativo pago pelo sindicato que chegava aos R$ 35.000,00 (trinta e cinco mil reais).

Em um dos diálogos apresentados pela reportagem uma pessoa que não se identificou diz que ouviu a seguinte frase do diretor: "Olha, se você fizer alguma coisa contra a gente, a gente incrimina você e não precisa nem de prova, prova a gente cria, porque a gente compra todo mundo". "Não era funcionário, não era presidente, não era vice-presidente ou diretor, eles eram os donos do sindicato", contou outro funcionário.

A matéria apurou que de 2009 a 2014 o rombo na instituição foi de R$ 100.000.000,00 (cem milhões de reais) e mostrou ainda que existiam vários imóveis, veículos e até aeronaves adquiridos com o dinheiro desviado. Foi realizado também um apanhado sobre os números do sindicalismo brasileiro no qual se constatou que existiam no Brasil mais de 11 mil sindicatos de trabalhadores dos quais muitos estão envolvidos em desvios de verbas e que os conflitos a fim de liderar as entidades sindicais são cada vez mais recorrentes, já que as contribuições milionárias eram arrecadadas independentemente de qualquer contraprestação[42].

Em contrapartida, ao analisar de forma prática o funcionamento de uma entidade sindical em que a totalidade dos empregados é associada e, portanto, contribui ativamente para o desenvolvimento da categoria, podemos prever como será o sistema sem a contribuição compulsória. De fato, a representatividade dessa entidade será infinitamente superior, pois há uma ideia de unidade direcionando as ações do sindicato. Assim, com a proteção mútua de seus integrantes e a independência financeira, surgirá o verdadeiro sindicalismo, pois não há que se falar em sindicalismo efetivo quando há qualquer tipo de intervenção externa. O sindicalismo deve ser livre, autônomo e se pautar exclusivamente nas prerrogativas propostas por seus membros.

Na busca de um cenário democrático, contemplando os parâmetros da liberdade sindical exaltada perante a OIT, temos que as contribuições sindicais deveriam constituir uma obrigação livremente assumida com base no associativismo. No ato de criação de uma entidade sindical, o objetivo principal é que a entidade represente os associados nos assuntos de interesse comum, pois a união pode trazer resultados mais expressivos. Os sindicatos devem se materializar por meio de estatutos aprovados em Assembleia nos moldes legais. Esses estatutos, além de vantagens, impõem obrigações aos filiados dentre as quais se encontra a obrigação de contribuir financeiramente em prol da entidade sindical (OLIVEIRA NETO, 2010, p. 74).

Não há que se falar que o custeio advindo das contribuições pactuadas em estatutos ou negociações coletivas confronta a liberdade sindical, pois, desde que não exista violação ao ordenamento jurídico, pode o sindicato instituir contribuições aos seus associados com vistas à autonomia sindical.

---

[42] REDE GLOBO. *Fantástico*. Disponível em: http://www.youtube.com/watch?v=MF4kQIe21dk. Acesso em: 14 set. 2015

Seguindo esse raciocínio, aos não associados não é cabível a instituição de qualquer contribuição.

A filiação ao ente sindical deve ser facultativa, mas poderia ser criada uma cota a fim de cobrir os custos de representação (cota de solidariedade), principalmente no que concerne às negociações coletivas, até porque, não parece justo que os trabalhadores não sindicalizados não contribuam com as despesas das negociações que tiram proveito direto. Todavia, isso deve ser realizado em âmbito privado, longe de qualquer intervenção ou orientação estatal.

Na Argentina é previsto que as cláusulas que estabeleçam contribuições a favor das associações sindicais podem ser instituídas tanto para filiados como para os não filiados que forem beneficiados pelo acordo celebrado. No ordenamento jurídico da Espanha, os sindicatos podem instituir contribuições periódicas para manutenção da entidade ou como retribuição ao serviço. A cobrança de contribuição a fim de custear os gastos de representação sindical é considerada uma subespécie dessas contribuições e abrange os trabalhadores filiados e os não filiados ao sindicato (PEGO, 2012, p. 97).

A contribuição sindical é proposta aos empregados, profissionais liberais e empregadores, é devida por todos aqueles que integram determinada categoria em benefício da entidade sindical correspondente. No que concerne aos trabalhadores, a contribuição sindical, que agora depende de autorização prévia e expressa é cobrada anualmente no valor que equivale a um dia de trabalho. A contribuição sindical dos empregadores é calculada a partir do valor do capital social da empresa, observadas as alíquotas que variam de 0,02 a 0,8 por cento do faturamento (CLT, arts. 578 a 580).

A contribuição sindical devida pelos trabalhadores é descontada em folha de pagamento pelos empregadores e repassada aos respectivos sindicatos. O pagamento deve ser repassado às entidades sindicais até o décimo dia subsequente ao recolhimento. Na estrutura sindical brasileira atual, o montante arrecadado é repartido entre os sindicatos (60%), federações (15%), confederações (5%), Centrais Sindicais (10%) e para a Conta Especial Emprego e Salário (10%). Em 2014 o MTE editou a portaria 188 que estabelece os critérios em casos de ausência de uma entidade mais próxima da categoria, simulando todos os casos de contribuição para sindicatos, federações, confederações e o valor que é repassado à Conta Especial Emprego e Salário.

Não havia mais espaço para a contribuição sindical obrigatória em nosso ordenamento, por isso ela já deveria ter sido banida e esquecida há muito tempo, haja vista que desestimulava os sindicatos na busca de novas filiações e desenvolvia o perfil "pelego" dos dirigentes sindicais que se perpetuavam no poder a fim de administrar livremente a receita milionária auferida de forma compulsória. A contribuição sindical compulsória pressupunha prejuízo inestimável ao verdadeiro sindicalismo, pois não tem essência democrática, e por esse motivo violava direitos fundamentais como a liberdade de associação e a liberdade sindical.

### 5.3.2 Natureza jurídica da contribuição sindical

Conhecida anteriormente como imposto sindical, a contribuição sindical sempre teve sua existência relacionada ao poder público, principalmente no que diz respeito à tributação. Em ocasiões passadas, o imposto sindical servia de instrumento político, já que não havia nenhum tipo de controle da arrecadação pelos sindicatos. Em 1964 ocorreu a mudança da nomenclatura de imposto para contribuição, mas isso não trouxe nenhuma alteração na essência da arrecadação, que se manteve compulsória até novembro de 2017.

Grande parte da doutrina brasileira atribuía natureza jurídica tributária à contribuição sindical, entendendo-a como contribuição no interesse de categoria econômica e profissional, sendo disciplinada pelo art. 149 da Constituição Federal. A natureza tributária da contribuição sindical emana da previsão do art. 3º do Código Tributário Nacional, que estabelece que "Tributo é toda prestação pecuniária compulsória, em moeda ou cujo valor nela se possa exprimir, que não constitua sanção de ato ilícito, instituída em Lei e cobrada mediante atividade administrativa plenamente vinculada".

Considerando a contribuição sindical sob esse prisma, temos que ela se tratava de prestação pecuniária imposta ao obrigado a ser adimplida mediante pagamento de determinado valor. Ainda nesse sentido, a contribuição sindical não é oriunda de sanção por ato ilícito, mas de obrigação que decorre da lei pela condição de integrar categoria profissional ou econômica. Sendo assim, grande parte dos doutrinadores, na busca de explicar a natureza jurídica da contribuição sindical, evidenciava a definição legal de tributo e demonstrava a sua perfeita admissão ao conceito.

Esse também era o entendimento que orientava a jurisprudência predominante, inclusive nos tribunais superiores conforme se demonstra:

Vistos etc. Contra o acórdão prolatado pelo Tribunal de origem, maneja recurso extraordinário, com base no art. 102, III, da Lei Maior, Andrade Gutierrez S/A. Aparelhado o recurso na violação do art. 8º, I e II, da Lei Maior. É o relatório. Decido. Preenchidos os pressupostos extrínsecos. Da detida análise dos fundamentos adotados pelo Tribunal de origem, por ocasião do julgamento do apelo veiculado na instância ordinária, em confronto com as razões veiculadas no extraordinário, concluo que nada colhe o recurso. O entendimento adotado no acórdão recorrido não diverge da jurisprudência firmada no âmbito deste Supremo Tribunal Federal, no sentido de que a contribuição sindical possui natureza tributária, sendo devida por todos os integrantes da categoria representada, independentemente de filiação sindical, razão pela qual não se divisa a alegada ofensa aos dispositivos constitucionais suscitados. Nesse sentido: AGRAVO REGIMENTAL NO RECURSO EXTRAORDINÁRIO. TRIBUTÁRIO. CONTRIBUIÇÃO SINDICAL: NATUREZA JURÍDICA DE TRIBUTO. COMPULSORIEDADE. PRECEDENTES. AGRAVO REGIMENTAL AO QUAL SE NEGA PROVIMENTO. (RE 496.456-AgR, Rel. Min. Cármen Lúcia, 1ª Turma, *DJe* 23.6.2014) 'Sindicato de servidores públicos: direito a contribuição sindical compulsória (CLT, art. 578 ss.), recebida pela Constituição (art. 8., IV, in fine), condicionado, porém, a satisfação do requisito da unicidade. 1. A Constituição de 1988, a vista do art. 8º, IV, in fine, recebeu o instituto da contribuição sindical compulsória, exigível, nos termos dos arts. 578 ss. CLT, de todos os integrantes da categoria, independentemente de sua filiação ao sindicato (cf. ADIn 1.076, med. cautelar, Pertence, 15.6.94). 2. Facultada a formação de sindicatos de servidores públicos (CF, art. 37, VI), não cabe excluí-los do regime da contribuição legal compulsória exigível dos membros da categoria (ADIn 962, 11.11.93, Galvão). 3. A admissibilidade da contribuição sindical imposta por lei e inseparável, no entanto, do sistema de unicidade (CF, art. 8., II), do qual resultou, de sua vez, o imperativo de um organismo central de registro das entidades sindicais, que, a falta de outra solução legal, continua sendo o Ministério do Trabalho (MI 144, 3.8.92, Pertence). 4. Dada a controvérsia de fato sobre a existência, na mesma base territorial, de outras entidades sindicais da categoria que o impetrante congrega, não há como reconhecer-lhe, em mandado de segurança, o direito a exigir o desconto em seu favor da contribuição compulsória pretendida.' (RMS 21758, Rel. Min. Sepúlveda Pertence, 1ª Turma, DJ 04.11.1994) Por seu turno, o Tribunal de origem, na hipótese em apreço, lastreou-se na legislação infraconstitucional aplicável à espécie para firmar seu convencimento no sentido de que a empresa recorrente se enquadra na categoria profissional representada pelo

> sindicato recorrido. Nesse sentir, divergir do entendimento adotado pela Corte de origem demandaria a análise da legislação infraconstitucional apontada no apelo extremo, o que torna oblíqua e reflexa eventual ofensa, insuscetível, portanto, de viabilizar o conhecimento do recurso extraordinário. Destarte, desatendida a exigência do art. 102, III, a, da Lei Maior, nos termos da remansosa jurisprudência deste egrégio Supremo Tribunal Federal. Agravo regimental no recurso extraordinário com agravo. Trabalhista. Cobrança. Contribuição sindical. Enquadramento sindical. Empregados de cooperativa de crédito. Legislação infraconstitucional. Ofensa reflexa. Reexame de fatos e provas. Impossibilidade. Precedentes. 1. O Tribunal Superior do Trabalho concluiu, com base na CLT, bem como nas Leis nºs 4.594/64 e 5.764/71 e nos fatos e nas provas dos autos, que os empregados de cooperativa de crédito não se equiparam aos bancários para os fins legais, razão pela qual o ora agravante, representante desta categoria, não seria parte legítima para cobrar dos empregados da agravada a contribuição sindical. 2. Inadmissível, em recurso extraordinário, a análise da legislação infraconstitucional e o reexame dos fatos e das provas dos autos. Incidência das Súmulas nºs 636 e 279/STF. 3. Agravo regimental não provido. (ARE 696.349-AgR, Rel. Min. Dias Toffoli, 1º Turma, *DJe* 10-10-2012). Nesse sentir, não merece seguimento o recurso extraordinário, consoante também se denota dos fundamentos da decisão que desafiou o recurso, aos quais me reporto e cuja detida análise conduz à conclusão pela ausência de ofensa direta e literal a preceito da Constituição da República. Nego seguimento ao recurso extraordinário (CPC, art. 557, *caput*). Publique-se. Brasília, 01 de outubro de 2014.Ministra Rosa Weber Relatora. (Supremo Tribunal Federal. Recurso Extraordinário: 588297 MG, Relatora: Ministra: Rosa Weber - *DJe*-198. DIVULG. 09/10/2014. PUBLIC. 10/10/2014).

Como visto, o entendimento doutrinário e jurisprudencial se pautava em atribuir caráter tributário à contribuição sindical, entretanto, a legitimidade para pleitear em juízo a execução em face dos inadimplentes não advinha do Estado, mas sim das associações sindicais respectivas, que nesse caso, dispunham dos privilégios concernentes à Fazenda Pública, com a exceção do foro especial. No que diz respeito à competência para processar e julgar as lides que englobam a contribuição sindical, de acordo com a nova redação dada ao art. 114, III, da Constituição Federal, compete à Justiça do Trabalho processar e julgar "as ações sobre representação sindical, entre sindicatos, entre sindicatos e trabalhadores e entre sindicatos e empregadores" (OLIVEIRA NETO, 2010, p. 88).

O próprio Supremo Tribunal Federal (MS 28.465) já reconheceu a natureza tributária da contribuição, como sendo uma contribuição social, e adaptando-se à definição de tributo preceituada pelo artigo 3º do Código Tributário Nacional. Entretanto, a Reforma Trabalhista constituída pela Lei 13.467/2017 colocou fim à compulsoriedade da referida contribuição, alterando a redação dos arts. 578 e 579, da CLT, os quais passaram a exigir prévia e expressa autorização para o seu desconto, sendo assim, não há mais que se falar em contribuição sindical como tendo natureza tributária, pois a compulsoriedade não está mais presente nessa prestação pecuniária, não mais se adequando à definição de tributo. Trata-se agora de desconto de natureza facultativo e não compulsório, decorrente da autonomia da vontade das partes.

### 5.3.3 Contribuição assistencial

A contribuição assistencial deve ser compreendida como um pagamento de caráter espontâneo efetuado pelo membro de uma categoria profissional ou econômica ao sindicato em virtude da participação nas negociações coletivas. A previsão do recolhimento da contribuição assistencial sempre foi estabelecida através dos próprios acordos, convenções, ou sentenças normativas, tendo por finalidade o custeio das atividades assistenciais dos sindicatos. As contribuições assistenciais sempre foram exigidas de todos os membros da categoria, associados ou não à entidade sindical. No entendimento de Sérgio Pinto Martins, a contribuição assistencial abrange:

> A prestação pecuniária, voluntária, feita pela pessoa pertencente à categoria profissional ou econômica ao sindicato da respectiva categoria, em virtude de este ter participado das negociações coletivas, de ter incorrido em custos para esse fim, ou para pagar determinadas despesas assistenciais realizadas pela agremiação. (MARTINS, 1998, p.125)

Contudo, entende o Tribunal Superior do Trabalho que é vedada a instituição da contribuição assistencial por meio de convenções ou sentenças normativas, ao passo que decorre da letra da Constituição Federal de 1988 que o estabelecimento desse tipo de contribuição é de competência exclusiva da Assembleia Geral, não sendo, portanto matéria pertinente às normas coletivas.[43]

---

[43] PRECEDENTE NORMATIVO nº 119 do TST - CONTRIBUIÇÕES SINDICAIS - INOBSERVÂNCIA DE PRECEITOS CONSTITUCIONAIS - (mantido) - DEJT

Como não existe fundamento legal que discipline a contribuição assistencial, a jurisprudência tem acatado o entendimento que a referida contribuição é inválida quando imposta aos membros não sindicalizados, entretanto, fica difícil fazer esse controle, pois quando há um instrumento coletivo que faz a previsão taxativa da contribuição, não há motivos para obstar sua validade. Diante desse cenário, percebe-se a tendência das cortes superiores em restringir as modalidades compulsórias de financiamento das entidades sindicais somente aos sindicalizados, assim, aos não sindicalizados caberia exclusivamente a velha contribuição sindical prevista na CLT (DELGADO, 2004, p. 1342).

O entendimento lavrado pela Orientação Jurisprudencial nº 17 da Seção de Dissídios Coletivos do Tribunal Superior do Trabalho, dispõe que:

> As cláusulas coletivas que estabeleçam contribuição em favor de entidade sindical, a qualquer título, obrigando trabalhadores não sindicalizados, são ofensivas ao direito de livre associação e sindicalização, constitucionalmente assegurado, e, portanto, nulas, sendo passíveis de devolução, por via própria, os respectivos valores eventualmente descontados. (mantida - *DEJT* divulgado em 25.08.2014).

Assim, temos que a cobrança da contribuição assistencial só poderá ser instituída por Assembleia Geral, e tão somente perante aos membros associados. Deste modo, qualquer cláusula que estabeleça contribuição assistencial ou taxa de negociação a todos os empregados, mostra-se nula conforme o recente julgado do Supremo Tribunal Federal:

> RECURSO EXTRAORDINÁRIO. REPERCUSSÃO GERAL. 2. Acordos e convenções coletivas de trabalho. Imposição de contribuições assistenciais compulsórias descontadas de empregados não filiados ao sindicato respectivo. Impossibilidade. Natureza não tributária da contribuição. Violação ao princípio da legalidade tributária. Precedentes. 3. Recurso extraordinário não provido. Reafirmação de jurisprudência da Corte. (Supremo Tribunal Federal. (ARE 1018459

---

divulgado em 25.08.2014: "A Constituição da República, em seus arts. 5º, XX e 8º, V, assegura o direito de livre associação e sindicalização. É ofensiva a essa modalidade de liberdade cláusula constante de acordo, convenção coletiva ou sentença normativa estabelecendo contribuição em favor de entidade sindical a título de taxa para custeio do sistema confederativo, assistencial, revigoramento ou fortalecimento sindical e outras da mesma espécie, obrigando trabalhadores não sindicalizados. Sendo nulas as estipulações que inobservem tal restrição, tornam-se passíveis de devolução os valores irregularmente descontados".

> RG. Tribunal Pleno, Meio Eletrônico, Relator: Ministro Gilmar Mendes - *DJe*-046. DIVULG. 09-03-2017. PUBLIC. 10-03-2017).

Nesse sentido, convém mencionar ainda os seguintes arestos do Colendo Tribunal Superior do Trabalho:

> RECURSO DE REVISTA. CONTRIBUIÇÃO ASSISTENCIAL. O Tribunal Regional, ao entender devida a contribuição assistencial por todos os integrantes da categoria profissional, independentemente de sua condição de filiados a sindicato, proferiu decisão contrária à Orientação Jurisprudencial 17 e ao Precedente Normativo 119, todos da SDC do TST. Recurso de revista conhecido e provido. (Tribunal Superior do Trabalho. Recurso de Revista: 1728520135040571. 7ª Turma, Relator: Ministro Douglas Alencar Rodrigues - *DEJT* 24/04/2015).
>
> RECURSO DE REVISTA. CONTRIBUIÇÃO ASSISTENCIAL PATRONAL. APLICAÇÃO, POR ANALOGIA, DO PRECEDENTE NORMATIVO 119 E DA ORIENTAÇÃO JURISPRUDENCIAL 17 DA SDC do TST. São também aplicáveis às empresas, por analogia, o Precedente Normativo 119 e a Orientação Jurisprudencial 17, ambos da SDC do TST, as quais limitam a cobrança de contribuição assistencial apenas aos associados. Recurso de revista conhecido e provido. (Tribunal Superior do Trabalho. Recurso de Revista: 954004320075040007. 6ª Turma, Relator: Ministro Augusto César Leite de Carvalho - *DEJT* 12/12/2014).

Embora o Precedente 119 do TST disponha que as contribuições assistenciais devam ser objeto de Assembleia Geral, acordos e convenções coletivas de trabalho têm sido constantemente celebrados prevendo a instituição da contribuição assistencial, abrangendo também os não sindicalizados. Existe na doutrina quem defenda que a contribuição é constitucional neste caso, desde que assegure o direito de oposição do membro não associado ao desconto.

Muitos litígios ocorrem entre trabalhadores e seus sindicatos na Justiça do Trabalho com o objetivo de obter declaração da nulidade das cláusulas de acordo e convenção coletiva que impõem aos trabalhadores não sindicalizados descontos a título de contribuição assistencial e devolução dos descontos de que foram objeto os salários dos empregados.

Em regra, a contribuição assistencial comporta o direito de oposição com o respectivo prazo para demonstrar o inconformismo, mas o exercício efetivo é bastante difícil, já que a oposição deve ser apresentada na sede da entidade sindical pelo próprio opositor, escrita pelo próprio punho do opositor, num prazo que por vezes é insuficiente. Além disso, algumas entidades sindicais sequer abrem suas portas nas datas previstas para a apresentação da oposição. Tudo isso obsta o direito fundamental dos trabalhadores de não contribuir com o sindicato.

No que se refere à natureza jurídica da contribuição assistencial, prevalece o entendimento de que ela não contempla a natureza jurídica de tributo, visto que não preenche os requisitos do art. 3º do Código Tributário Nacional. Trata-se de desconto de natureza convencional, facultativo, estipulado pelas partes e não compulsório, decorrente da autonomia da vontade dos contratantes ao pactuarem o desconto em instrumento coletivo (OLIVEIRA NETO, 2010, p. 92).

### 5.3.4 Contribuição confederativa

A contribuição confederativa foi instituída na Constituição Federal de 1988 e tem como objetivo o custeio do sistema confederativo de representação sindical, do qual fazem parte os sindicatos, as federações e as confederações, tanto da categoria profissional como da econômica. A contribuição confederativa deve ser fixada por meio de Assembleia Geral e seu fundamento legal está no art. 8º, IV, da Constituição Federal:

> Art. 8º É livre a associação profissional ou sindical, observado o seguinte:
>
> IV – a assembleia geral fixará a contribuição que, em se tratando de categoria profissional, será descontada em folha, para custeio do sistema confederativo da representação sindical respectiva, independentemente da contribuição prevista em lei.

É oportuno destacar a contradição diante do aspecto democrático presente na Constituição de 1988, já que foi mantida a contribuição sindical compulsória que é oriunda da CLT e, mesmo assim, foi instituída uma nova contribuição com vistas ao financiamento do sistema confederativo. A contribuição confederativa é baseada no período corporativista, visto que a tendência daquele momento era que o Estado pudesse impor contribuições a todos os integrantes da categoria a fim de fortalecer as entidades sindicais.

A implantação da contribuição confederativa pela Constituição de 1988 trouxe à tona diversos conflitos. Entre eles se destacam a configuração da natureza jurídica da contribuição confederativa, bem como sua obrigatoriedade diante de todos os membros da categoria, profissional ou econômica, independentemente de associação sindical.

Renomados estudiosos do Direito contrastam pelo caráter tributário da contribuição confederativa, equiparando-a à contribuição social prevista no art. 149 da Constituição Federal, ou a considerando como contribuição *sui generis*. Apesar das características inerentes aos tributos, a contribuição confederativa independe de lei ordinária para ser fixada. Dessa forma, possui natureza autônoma, dependendo apenas de ato jurídico intermediário para sua constituição, qual seja a Assembleia Geral (PASSOS; SALVADOR, 1993, p. 125).

De tal modo, afastada a natureza tributária da contribuição confederativa, o único pressuposto essencial para sua instituição seria sua aprovação em Assembleia Geral realizada no âmbito do sindicato.[44] Mesmo que as federações ou confederações sejam beneficiadas por esta contribuição, por serem formadas por sindicatos ou federações, não poderão implantar essa cobrança, já que sua aprovação depende dos trabalhadores ou empregadores.

A jurisprudência do Tribunal Superior do Trabalho está assente ao definir que a contribuição confederativa não poderá ser fixada por meio de negociações ou dissídios coletivos, conforme podemos extrair:

> RECURSO DE REVISTA. DEVOLUÇÃO DE DESCONTOS. CONTRIBUIÇÃO CONFEDERATIVA.
>
> Esta Corte pacificou o entendimento de que é nula a instituição, por meio de norma coletiva, de cobrança de contribuições sindicais a qualquer título, obrigando trabalhadores não sindicalizados, independentemente da existência ou não de oposição ao desconto, visto que tal prática ofende o direito de livre associação e sindicalização. Assim, o Tribunal Regional, ao entender indevida a devolução dos descontos a título de contribuição confederativa, ao fundamento de que há previsão em norma coletiva e de que não houve oposição por parte do Reclamante, ofendeu o disposto no art. 8º, V, da Constituição Federal. Recurso de revista de que se conhece e

[44] Interessante observar, também, que o dispositivo constitucional faz menção à fixação da contribuição confederativa em assembleia do sindicato. Não custa lembrar que o significado de assembleia remete a reunião de pessoas destinada a deliberar assunto de interesse comum aos participantes. No caso em questão, tanto trabalhadores quanto empregadores reúnem-se em assembleia para estabelecer a fixação de contribuição destinada a custear o sistema confederativo (OLIVEIRA NETO, 2010, p. 106).

> a que se dá provimento. (Tribunal Superior do Trabalho. Recurso de Revista: 64420115150142. 7ª Turma, Relator: Ministro Douglas Alencar Rodrigues - *DEJT* 24/04/2015).

Cumpre ressaltar que a contribuição confederativa pode se destinar a todas as entidades que compõem o sistema confederativo. Quanto às Centrais Sindicais, apesar de seu recente reconhecimento formal, entende-se não integrarem o sistema confederativo, já que são entidades formadas livremente pelos seus interessados, e que, portanto não devem se favorecer da referida contribuição. Nessa acepção, também não podem ser beneficiários da contribuição confederativa os conselhos federais e regionais fiscalizadores do exercício de profissionais liberais, por constituírem pessoas jurídicas de direito público que não pertencem ao sistema confederativo.

Assim como ocorre na contribuição assistencial, a jurisprudência se consolidou no sentido de que a contribuição confederativa não deve ser imposta aos trabalhadores não filiados ao sindicato. Para uma pequena parte da doutrina, a contribuição confederativa vincula todos os integrantes da categoria, associados ou não ao sindicato respectivo, e seu desconto em folha independe de autorização expressa do trabalhador.

Realmente a Constituição Federal em seu art. 8º, IV, não menciona que as contribuições que se propõem ao custeio do regime confederativo sejam efetivadas pelos trabalhadores associados ao sindicato. Entretanto cumpre ressaltar que a contribuição confederativa se difere da contribuição sindical no que concerne à compulsoriedade, visto que se fossem semelhantes, a própria Constituição haveria oferecido tratamento igualitário às contribuições, o que efetivamente não ocorreu. A contribuição confederativa independe de lei, isto é, pode ser instituída pela própria Assembleia de empregados ou empregadores, vinculando, portanto, somente aos filiados do sindicato de classe.

A Constituição Federal de 1988 assegura a livre associação profissional ou sindical, bem como garante que ninguém poderá ser compelido a se filiar em entidade sindical. Seguindo esse entendimento, os não associados não podem ser obrigados a pagar a contribuição confederativa, pois isso iria de encontro aos fundamentos da liberdade sindical. O desconto efetuado em folha de pagamento só pode ser realizado perante aos sindicalizados que participaram ou poderiam ter participado da Assembleia que institui a cobrança, sob pena de configurar violação à liberdade sindical e autoritarismo da entidade sindical.

Nesse sentido, o Supremo Tribunal Federal – STF editou a Súmula 666, que dispõe sobre a obrigatoriedade do pagamento da contribuição confederativa pelos filiados ao respectivo sindicato:

> Súm. 666, STF – CONTRIBUIÇÃO CONFEDERATIVA – EXIGIBILIDADE DOS FILIADOS AO SINDICATO. A contribuição confederativa de que trata o art. 8º, IV, da Constituição, só é exigível dos filiados ao sindicato respectivo. CF, art. 8º, IV.

Diante do posicionamento do STF, órgão máximo do Poder Judiciário nacional, entende-se que a contribuição confederativa só poderá ser estabelecida aos membros associados ao sindicato respectivo, e desde que instituída mediante Assembleia Geral, instrumento adequado para fixar tal obrigatoriedade. Quanto ao direito de se opor ao desconto, como acontece na contribuição assistencial, compreendemos possível a oposição ao pagamento da contribuição confederativa pelos empregados não filiados ao sindicato profissional.

### 5.3.5 Contribuição associativa

Todas as associações são criadas e funcionam de acordo com as deliberações de seus membros por meio dos estatutos aprovados em Assembleia Geral. O estatuto é o orientador dos atos das associações e contempla entre outros elementos, os objetivos, o formato de organização e as formas de receita, que na maioria das vezes consiste na contribuição dos próprios associados. Essa receita periódica fixada entre os membros da associação visa à manutenção das atividades rotineiras e dos serviços prestados exclusivamente aos associados.

Nas entidades sindicais, que também são associações, acontece o mesmo, ou seja, a contribuição associativa advém da ideia de mensalidade imposta aos membros do sindicato a fim de manter suas atividades essenciais. A contribuição associativa ou estatutária é devida apenas pelos associados do sindicato, nos valores estabelecidos pela Assembleia Geral. Nesse sentido, oportuno demonstrar a lição de Batalha sobre o tema:

> É livre a associação sindical no sentido de que cada trabalhador ou empresa pode associar-se, ou não, a sindicato. Se a filiação à entidade sindical decorre da circunstância de pertencer à categoria profissional ou econômica, a qualidade de associado depende de manifestação individual. A contribuição associativa é cobrada dos associados ao sindicato na forma explicitada nos estatutos. (BATALHA, 1994, p. 134)

Portanto, existem dois requisitos exigidos para a implantação da cobrança da contribuição associativa: a associação sindical e a previsão estatutária. Assim, quando uma empresa se filia a algum sindicato, adere automaticamente às normas estatutárias, devendo contribuir com a mensalidade se assim estiver estipulado. O mesmo ocorre com os associados do sindicato profissional, que mesmo se não estiverem presentes na Assembleia que institui a contribuição, ficam obrigados ao pagamento correspondente.

O embasamento legal da contribuição associativa está previsto na alínea "b" do art. 548 da CLT, do qual se extrai que constituem o patrimônio das associações sindicais as contribuições dos associados, na forma estabelecida nos estatutos ou pelas Assembleias Gerais. O desconto em folha de pagamento pelo empregador depende de prévia anuência do empregado e qualquer tipo de conduta do empregador que tenha por objetivo dificultar o repasse ao sindicato configura ofensa à liberdade sindical em seu aspecto coletivo. Quanto à natureza jurídica da contribuição associativa, não há dúvida que seja de natureza privada, já que é instituída em Assembleia Geral e vincula somente aos associados do sindicato (OLIVEIRA NETO, 2010, p. 107).

Cumpre ressaltar a importância da contribuição associativa, pois ao imaginarmos um sistema sindical ideal, esta seria a única fonte de renda das entidades sindicais, que seriam custeadas apenas pelos trabalhadores e empregadores verdadeiramente comprometidos com o sindicalismo. O sindicato se mostra forte pelo número de associados, mas em nosso país, a sindicalização não é estimulada, visto que as receitas oriundas das contribuições compulsórias eram arrecadadas, independentemente do número de associados. Com o fim da compulsoriedade da contribuição sindical temos um novo panorama e com isso, a contribuição associativa ou estatutária tende a se tornar, juntamente com a contribuição de solidariedade, os principais alicerces desse novo modelo de sindicalismo.

## 5.4 Negociações coletivas

Não há como determinar precisamente como se deu o desenvolvimento das negociações coletivas de trabalho pelo mundo, mas devemos ressaltar que seu aparecimento se deu na Europa devido à industrialização que abarcava inúmeros trabalhadores. Num primeiro momento, o Estado se manteve alheio à possibilidade de empresários e trabalhadores, diretamente ou por intermédio de entidades sindicais, celebrarem contratos normativos, isto é, contratos entre particulares que ao invés de tratarem sobre direitos mútuos, dispunham sobre regras de conduta que deviam ser respeitadas na prática (RUSSOMANO, 1997, p. 143).

Mesmo sob a égide da ilegitimidade ou da antijuridicidade, as negociações coletivas foram se tornando um importante instrumento de conciliação entre trabalhadores e empresários, já que o tratamento de forma direta beneficiava os dois polos. Aos empregadores da época era salutar negociar diretamente com os trabalhadores ao passo que evitavam a pressão sindical e os efeitos degradantes das greves, mas os empregados é que foram os grandes beneficiados, pois ao conseguirem discutir a matéria trabalhista com os empregadores em níveis equivalentes, tornavam legítimas as negociações coletivas e as entidades sindicais.

O Estado, num primeiro momento, não ofereceu resistência ou interferiu diretamente nas negociações coletivas, já que se beneficiava do instrumento da paz social. Cumpre ressaltar que a intervenção estatal só foi afastada porque o sindicalismo profissional se mostrou capaz de atuar soberanamente diante dos empresários, se estruturando cada vez mais a fim de ter reconhecida sua competência para atuar nas negociações coletivas. Diante desse cenário, as negociações coletivas se consolidaram nos países mais industrializados da época, isto é, na Europa Ocidental e nos Estados Unidos da América do Norte.

Na Europa, precisamente na Inglaterra, que foi pioneira, desde 1924 as negociações coletivas são responsáveis por estabelecer condições de trabalho. No Brasil, as convenções coletivas surgiram com o Decreto nº 21.761 de 1932, tendo por base a Lei francesa de 1919 e possuíam efeito normativo que abrangia toda a categoria profissional e econômica. As convenções coletivas compreendiam ajustes relativos às condições de trabalho entre um ou vários empregadores e seus empregados, ou entre sindicatos ou qualquer outro agrupamento de empregadores e sindicatos ou qualquer outro agrupamento de empregadores[45].

---

[45] Nesse sentido, a redação original do art. 1º do Decreto nº 21.761, de 23 de agosto de 1932: "Entende-se por convenção collectiva de trabalho o ajuste relativo ás condições do trabalho, concluido entre um ou varios empregadores e seus empregados, ou entre syndicatos ou qualquer outro agrupamento de empregadores e syndicatos, ou qualquer outro agrupamento de empregados".

A Constituição da República de 1934 foi a primeira a reconhecer as convenções coletivas de trabalho. A Constituição de 1937 se utilizou da expressão contrato coletivo para se referir às convenções coletivas. Nesse sentido, a Consolidação das Leis Trabalhistas de 1943 utilizou-se dessa expressão em seu texto num primeiro momento. Os contratos coletivos de trabalho eram aplicáveis somente aos sócios do sindicato, podendo ser estendidos a todos os membros da categoria mediante decisão do Ministro do Trabalho.

Na constituição de 1946 ocorreu a volta da denominação convenção coletiva para tratar das negociações coletivas de trabalho. O mesmo instituto previu a ampliação da abrangência das convenções coletivas que, a partir daquele momento, passaram a ser aplicadas a todos os membros da categoria e não somente aos sócios do sindicato. Em seguida, tanto a Constituição de 1967 quanto a Emenda Constitucional de 1969 mantiveram as convenções coletivas.

Em 1981 a Conferência Geral da Organização Internacional do Trabalho aprovou a Convenção nº 154, que rege os princípios pertinentes às negociações coletivas. A Convenção nº 154 da OIT prevê que a expressão "negociação coletiva" compreende todas as negociações que tenham lugar entre, de uma parte, um empregador, um grupo de empregadores ou uma organização ou várias organizações de empregadores e, de outra parte, uma ou várias organizações de trabalhadores, com o fim de fixar as condições de trabalho e emprego, regular as relações entre empregadores e trabalhadores e ainda regular as relações entre os empregadores ou suas organizações e uma ou várias organizações de trabalhadores, ou alcançar todos estes objetivos de uma só vez (art. 2º). Ficou evidenciado que a negociação coletiva poderia ser celebrada no âmbito de uma única empresa, contudo, devia se operar por meio de entidades profissionais organizadas.

A Constituição de 1988 também reconheceu as convenções coletivas, bem como elevou os acordos coletivos de trabalho ao nível constitucional, uma vez que as constituições anteriores adotavam apenas as convenções coletivas. Os acordos coletivos, entretanto, já se operavam na prática desde o Decreto nº 229/67 que alterou dispositivos da Consolidação das Leis do Trabalho de 1943.

O sindicalismo brasileiro se estruturou durante o período corporativista do Estado Novo e mesmo que a legislação vigente naquele período dispusesse acerca das negociações coletivas, o modelo político não estimulava a atuação sindical. Considerando a recente democratização do país, cabe ressaltar que o sistema de negociação sindical brasileiro ainda caminha em passos lentos rumo ao fortalecimento obtido nos países que já experimentam esse instituto há muito tempo.

Nas nações mais desenvolvidas, as negociações coletivas tiveram origem nas reivindicações da classe operária e o sucesso alcançado com esse costume tornou legítimo o instituto, que teve que ser reconhecido pelos legisladores. Pode-se dizer que o costume direcionou as ações do legislador. No Brasil, bem como nas outras nações latino-americanas, isso se deu de forma diferente, qual seja: ao perceberem o sucesso dos instrumentos coletivos nos países industrializados trataram de adotá-los em sua legislação a fim de colocá-los à disposição dos trabalhadores.

Sobre essa questão, oportuna a lição de Russomano:

> Nas nações industrializadas, em síntese, as negociações coletivas nasceram da prática popular e chegaram à lei, através do costume. Vieram dos fatos para os códigos. Por outras palavras: De baixo para cima. Nas nações subdesenvolvidas, inversamente, as convenções foram consagradas pelo legislador. Oferecidas pela lei aos sindicatos. O instituto, assim, veio dos códigos para os fatos. Ou seja: de cima para baixo. (RUSSOMANO, 1997, p. 149)

As negociações coletivas ainda são pouco utilizadas nos países com menor índice de desenvolvimento, dessa forma, fica evidenciado que as nações mais industrializadas que instituíram as negociações através dos fatos sociais têm em sua essência uma base sólida para amparar o instrumento, enquanto que os países menos desenvolvidos buscam direcionar suas ações em institutos empíricos de proteção de trabalho.

### 5.4.1 Conceito e natureza jurídica

A negociação coletiva é uma modalidade de solução de conflitos coletivos trabalhistas, em que os legítimos representantes dos trabalhadores e empregadores buscam superar divergências para concluir convenções ou acordos coletivos, fixando condições de trabalho que têm aplicação cogente sobre os contratos individuais, bem como condições que vinculam os próprios signatários do instrumento.

Para Delgado, "a convenção coletiva é um dos mais importantes métodos de solução de conflitos existente na sociedade contemporânea. Sem dúvida, é o mais destacado no tocante a conflitos trabalhistas de natureza coletiva" (DELGADO, 2011, p. 136).

Nos termos da Convenção nº 154 da Organização Internacional do Trabalho, a negociação coletiva compreende todas as negociações entre um empregador, um grupo de empregadores ou uma organização ou várias organizações de empregadores, e, de outra parte, uma ou várias organizações de trabalhadores, com o fim de fixar as condições de trabalho e emprego; regular as relações entre empregadores e trabalhadores; ou regular as relações entre os empregadores ou suas organizações e uma ou várias organizações de trabalhadores, ou alcançar todos estes objetivos de uma só vez.

A negociação coletiva se enquadra na modalidade de autocomposição de conflitos. A autocomposição acontece quando o conflito é solucionado pelas próprias partes, sem intervenção de outros agentes no processo de pacificação da controvérsia e pode se dar de três formas: renúncia, aceitação e transação. A negociação coletiva é um instituto essencialmente vinculado à transação.

Existem também a heterocomposição e a autotutela como métodos de solução de conflitos na esfera coletiva. Na heterocomposição intervém um agente estranho aos sujeitos originários na relação a fim de resolver o conflito. São formas de heterocomposição a jurisdição, a arbitragem, a conciliação e a mediação. No que concerne à autotutela, esta ocorre quando o próprio sujeito busca afirmar, unilateralmente, seu interesse, de forma coercitiva. Como exemplo de autotutela pode-se mencionar a greve.

Não é incomum que as negociações coletivas no Brasil se relacionem com fórmulas heterocompositivas ou até mesmo autocompositivas. A mediação, a greve e a arbitragem podem ser consideradas instrumentos-meios da negociação coletiva trabalhista, enquanto que as convenções coletivas de trabalho e os acordos coletivos de trabalho podem ser considerados instrumentos-fins, responsáveis pela efetivação da dinâmica negocial coletiva (DELGADO, 2011, p. 138).

A natureza jurídica das normas negociadas coletivamente é controvertida. Contudo, há algumas conclusões consistentes acerca dessa classificação no Direito do Trabalho. Entre as teorias que tentam explicar a natureza jurídica das negociações coletivas, destaca-se a teoria mista que, no entendimento de Delgado, combina o contrato privado com a criação de norma jurídica, e é por esse motivo, a que melhor explica a natureza jurídica dos diplomas negociais coletivos (DELGADO, 2011, p. 179). Além da mista, existem outras três teorias que dispõem sobre a natureza jurídica das negociações coletivas: as teorias contratuais ou civilistas, as teorias de transição e por fim, as teorias jurídico-sociais ou normativistas.

A teoria contratual ou civilista justifica a natureza jurídica da negociação coletiva com determinados contratos civis, como o mandato, a estipulação em favor de terceiros, a gestão de negócios e o contrato inominado. É uma teoria de direito privado que evidencia a autonomia privada das partes nos contratos coletivos, revelando um negócio jurídico.

Nas palavras de Delgado, essa teoria não pode prosperar, conforme se pode extrair de suas palavras:

> Sua debilidade teórica é manifesta. De um lado, por não se darem conta da diferença substantiva entre o tipo de acordo vinculatório dos seres coletivos trabalhistas e os tipos de contratos civis mencionados. De outro lado, por não conferirem a adequada relevância ao caráter normativo de tais diplomas trabalhistas. (DELGADO, 2011, p. 180)

O segundo grupo é o que concerne às teorias de transição. São institutos que visam se distanciar dos modelos contratuais civilistas. Dessa forma, encaixam a negociação coletiva em modelos teóricos de caráter distinto, seja no campo do Direito ou da Sociologia. Cumpre ressaltar as mais conhecidas teorias da transição existentes: pacto social, solidariedade necessária, do uso e costume industrial e a teoria da representação legal (DELGADO, 2011, p. 180).

A teoria normativista explica a natureza jurídica de acordo com o efeito da convenção, que será normativo, valendo para toda a categoria e não apenas para os associados do sindicato. Essa teoria tem um aspecto publicístico oriundo do corporativismo italiano. Essa teoria também não atende aos anseios da doutrina justrabalhista, visto que despreza completamente os atores sociais, privilegiando friamente a vontade das entidades coletivas.

Como já foi dito, a teoria mista é considerada a que melhor explica a natureza jurídica das negociações coletivas pela doutrina. Ela procura mesclar as teorias contratualistas com as teorias normativistas, mostrando que a negociação coletiva tem dupla natureza. Nesse sentido, seria contratual quando da elaboração, pois há um acordo de vontades entre as partes, mas também seria normativa, sendo aplicada a toda categoria.

Para Delgado, a expressão "teoria mista" não é completamente adequada para expressar o real sentido da formulação doutrinária. Segundo o autor, essa expressão sugere a ideia de simples agregação de realidades distintas, que não se unificam. Por esse motivo, ele emprega a expressão "contrato social normativo" para nomear esse instituto peculiar (DELGADO, 2011, p. 181).

Quanto à aplicação das normas coletivas, no Brasil é considerada de eficácia geral, ou seja, é observada em relação a toda a categoria. A norma coletiva é aplicável no âmbito das categorias profissional e econômica contratantes a todos os membros do sindicato, independentemente de serem associados.

Até a Reforma Trabalhista (2017) era aplicada a condição mais favorável ao trabalhador, enquanto o art. 620 da CLT previa que a norma mais favorável ao empregado estabelecida em convenção coletiva prevaleceria sobre as estipuladas em Acordo. Por outro lado, se as cláusulas do Acordo fossem as mais favoráveis, estas é que seriam aplicadas. Essa ideia corroborava o enfatizado no art. 7° da Constituição Federal, visto que o instituto deixa claro a ideia do princípio da norma mais favorável, o qual estabelece que os trabalhadores possuem um piso normativo, além do direito à norma que irá melhorar sua condição social.

Ocorre que a Lei nº 13.467/17 conferiu nova redação ao dispositivo, estatuindo agora que as condições previstas em Acordos Coletivos de Trabalho sempre prevalecerão sobre as estipuladas em Convenção Coletiva de Trabalho. O Direito do Trabalho tem como sustentação seu princípio maior: o da proteção do hipossuficiente, do qual deriva a preponderância da norma mais favorável. Isso quer dizer que o novo texto do art. 620 da CLT surge como uma exceção à regra principiológica utilizada pelo Direito do Trabalho de forma geral.

Outra exceção à regra da norma mais favorável salta aos olhos na famigerada Reforma Trabalhista, pois o empregador poderá propor a flexibilização de alguns direitos previstos em lei que não violem a Constituição Federal. É o caso do art. 611-A da CLT que faz a indicação de direitos que podem ser suprimidos ou alterados pela negociação coletiva. O dispositivo apresenta a ideia de que o negociado deve prevalecer sobre o legislado se a matéria a ser discutida se enquadrar no seu rol específico. Assim, temos que os Acordos Coletivos sempre vão prevalecer sobre as Convenções Coletivas e que o negociado sempre prevalecerá sobre o legislado nos casos em que haja a autorização expressa do art. 611-A da CLT.

A aplicação de normas coletivas coexistentes no tempo compreende duas teorias principais. A primeira, teoria da acumulação, dispõe sobre a aplicação de cláusulas de normas coletivas diferentes em conjunto, aproveitando-se da norma mais favorável ao trabalhador. Com relação à segunda teoria, a do conglobamento, esta prevê que se aproveite da norma coletiva mais favorável em seu conjunto, globalmente, e não cláusula por cláusula, isoladamente, conforme dispõe a teoria anterior. No entendimento doutrinário brasileiro prevalece a teoria do conglobamento, afirmando a impossibilidade de que se fique pinçando cláusulas de várias normas coletivas simultaneamente.

### 5.4.2 Função da negociação coletiva

A negociação coletiva apresenta relevantes funções a serem desempenhadas nas relações trabalhistas, tanto jurídica como extrajudicialmente. Juridicamente, a negociação coletiva exerce as funções normativa, obrigacional e compositiva, ao passo que na esfera extrajudicial a negociação coletiva tem relevância nos âmbitos político, econômico e social (NASCIMENTO, 1989, p. 293).

A função normativa é considerada pela doutrina como a principal prerrogativa exercida pela negociação coletiva, seria inclusive o que justificaria sua existência. A função normativa age como instrumento que visa determinar coletivamente e em grau de igualdade as regras a serem aplicadas em determinadas relações trabalhistas.

A função obrigacional das negociações coletivas também é de grande relevância, visto que os entes coletivos instituem direitos e deveres que devem ser observados mutuamente, privilegiando a relação mantida entre os sujeitos coletivos.

Ainda no campo jurídico, no que concerne à função compositiva da negociação coletiva, esta visa à superação do conflito entre as partes no contexto trabalhista. Como vantagem, há que se mencionar a celeridade proposta pelo entendimento direto que ocorre entre as partes, o que não acontece com outros meios de solução de conflitos. Cumpre ressaltar ainda que o entendimento feito de forma direta entre as partes desencadeia a integração de eventuais lacunas deixadas pelo texto legal, ao passo que a Lei é editada de forma genérica, não sendo possível prever todas as situações.

No campo extrajurídico, cabe salientar primeiramente a função política da negociação coletiva, já que se tratando de um instituto de diálogo entre as partes, valoriza-se a busca de soluções para os conflitos comuns. Não há dúvida que os reflexos de uma negociação malsucedida ou conflituosa possam atingir a sociedade total ou parcialmente. Podemos considerar a negociação coletiva como um poderoso meio de atingir a paz social, principalmente quando torna amistosa a relação entre empregados e empregadores.

A função econômica da negociação coletiva pode ser evidenciada ao considerarmos a distribuição de riquezas verificada nas relações coletivas de trabalho. A negociação coletiva pode flexibilizar as normas coletivas, porém, deve respeitar os parâmetros mínimos fixados pela Constituição Federal. Como ponto positivo aos empregadores, a negociação coletiva permite a previsão imediata dos custos da produção.

Finalmente, cabe ressaltar o aspecto social das negociações coletivas. Como as regras são previamente convencionadas entre empregados e empregadores, haverá mais harmonia no ambiente de trabalho, diminuindo significativamente o clima de conflito.

Além das funções que já foram demonstradas, caberia mencionar o entendimento de Enoque Ribeiro dos Santos no que concerne à função pedagógica das negociações coletivas. Nas palavras do autor, a função pedagógica consiste no aperfeiçoamento, pelas partes, a partir do exercício contínuo do processo da negociação coletiva, de métodos de discussão, os quais se tornariam progressivamente mais eficazes (SANTOS, 2004, p. 132).

Analisando as classificações expostas, podemos extrair que uma das principais funções das negociações coletivas é viabilizar o diálogo entre os entes coletivos, buscando sempre uma solução satisfatória para o impasse que se materializará por meio da convenção ou acordo coletivo de trabalho. A criação de regras nas relações individuais de trabalho, as obrigações instituídas entre os entes coletivos, a composição de conflitos coletivos e implantação de condições de trabalho pelos próprios atores sociais são as principais propostas do instituto da negociação coletiva.

### 5.4.3 Instrumentos da negociação coletiva

Em nosso país ainda existem poucos sindicatos verdadeiramente representativos e em consequência disso, as negociações coletivas são cada vez mais valorizadas. Essas negociações coletivas de trabalho podem ser consideradas como um instituto de sucesso que permeia o Direito do Trabalho brasileiro e, ao mesmo tempo, conseguem se ajustar às necessidades de empregados e empregadores aos quais são sobrepostas.

O aprofundamento no estudo da negociação coletiva remete aos pontos positivos que assolam o instituto. No que concerne às vantagens estabelecidas pelas negociações coletivas, cabe ressaltar a celeridade, visto que em regra a negociação coletiva é realizada diretamente entre as partes, de forma simplificada e efetiva. Isso impede que obstáculos formais sejam utilizados na procrastinação do acerto entre as partes.

Outro ponto positivo que pode ser vinculado à negociação coletiva diz respeito à adaptabilidade à realidade vivenciada pelas partes do conflito. Nesse ponto, pode-se considerar que o princípio da primazia da realidade esteja sendo aplicado de forma preventiva, ao passo que as cláusulas coletivas se adaptam ao ambiente de trabalho de forma fática e peculiar. As normas negociadas coletivamente são plenamente adaptáveis e podem sofrer constantes alterações a fim de se enquadrarem a novas condições.

A estabilidade das cláusulas negociadas também surge como fator preponderante no sucesso das negociações coletivas, visto que conta com a aprovação das duas partes, o que certamente diminui o litígio e abre espaço para uma convivência mais harmônica.

Octávio Bueno Magano aponta ainda como fatores positivos oriundos da negociação coletiva a maior solidariedade e integração dos trabalhadores, o que desencadeia o consequente fortalecimento das entidades sindicais. O autor ainda elenca a estabilização das condições de trabalho e o abrandamento do intervencionismo estatal como vantagens da negociação coletiva (MAGANO, 1972, p. 76).

Por fim, Russomano nos remete à célebre frase pronunciada por George Scelle na Faculdade de Paris, que marcava com forte espírito de previsão, os três estágios do direto do trabalho: "ontem, a lei arbitrária do patrão; hoje, a lei protecionista do Estado; amanhã, a lei escolhida pelas próprias partes" (RUSSOMANO, 1997, p. 181).

No Brasil, assim como em todo o mundo foi exatamente assim que aconteceu o desenvolvimento do Direito do Trabalho. Hoje, mais que nunca, nos encontramos no terceiro ciclo dessa cadeia evolutiva, na qual temos a necessidade de formular nossas próprias leis, através de entendimentos diretos com os empregadores, utilizando da lei estatal apenas como "limite inferior dos direitos atribuídos aos trabalhadores" (RUSSOMANO, 1997, p. 182).

Os diplomas negociais coletivos aparecem como alguns dos mais específicos e notáveis destaques próprios do Direito do Trabalho. A análise que privilegia o ser considerado coletivamente vai de encontro à figura hegemônica do ser individual civilista prevalecente no universo jurídico (DELGADO, 2004, p. 1375).

A estrutura formal dos instrumentos negociados coletivamente é bastante similar na maioria dos países ocidentais, no entanto, existem peculiaridades que se adaptam à cultura jurídica de cada país. No Brasil são institucionalizados o acordo coletivo de trabalho e a convenção coletiva de trabalho.

No ordenamento jurídico brasileiro, acordo coletivo e convenção coletiva são institutos distintos. O acordo coletivo é mais restrito, na medida em que abrange, de um lado, o sindicato representativo da categoria dos trabalhadores e de outro, uma ou mais empresas individualmente consideradas. A convenção coletiva tem o âmbito mais amplo e os sujeitos são obrigatoriamente entidades sindicais. Ambos, porém, como fontes autônomas do Direito do Trabalho, constituem autênticos contratos normativos.

#### 5.4.3.1 Acordo e convenção coletiva de trabalho

A CLT define expressamente o acordo coletivo de trabalho mencionando que é facultado aos sindicatos representativos de categorias profissionais celebrar acordos coletivos com uma ou mais empresas da correspondente categoria econômica, que estipulem condições de trabalho, aplicáveis no âmbito da empresa ou das acordantes respectivas relações de trabalho (art. 611, §1º, CLT).

No acordo coletivo de trabalho não é exigida a participação do sindicato da categoria econômica na negociação, no entanto, é imprescindível a participação do sindicato profissional. O empregador é considerado um ser essencialmente coletivo, enquanto que os empregados só adquirem tal qualidade mediante sua atuação coletiva propriamente dita.

O acordo coletivo vincula apenas os trabalhadores da empresa que o celebrou com o sindicato dos trabalhadores. Os efeitos do acordo coletivo alcançam somente os empregados que estipularam o acordo, não tendo efeito sobre empresas não convenentes nem aos seus empregados, ainda que se trate de mesma categoria econômica e profissional.

A CLT também trata expressamente das negociações coletivas de trabalho. Diz a CLT que a convenção coletiva de trabalho é o acordo de caráter normativo, pelo qual dois ou mais sindicatos representativos de categorias econômicas e profissionais estipulam condições de trabalho aplicáveis, no âmbito das respectivas representações, às relações individuais de trabalho (art. 611, CLT).

A convenção coletiva é o resultado da negociação entre entidades sindicais profissionais e econômicas. As convenções coletivas, mesmo sendo pactuadas entre particulares, criam regras jurídicas (normas autônomas), isto é, preceitos gerais, abstratos e impessoais que vinculam partes externas ao ajuste. Têm também o aspecto formal de negócio jurídico ao perfazer contrato bilateral entre sujeitos coletivos sindicais. Dessa forma, podem ser consideradas contratos sociais privados, mas que produzem regra jurídica, e não apenas cláusulas obrigacionais (DELGADO, 2004, p. 1376).

Nesse sentido, oportunas as palavras do saudoso mestre Valentin Carrion:

> A distinção fundamental entre o contrato individual de trabalho e a convenção coletiva lato sensu, é que, enquanto o primeiro cria a obrigação de trabalhar e a de remunerar, a convenção coletiva prevê direitos e obrigações para os contratos individuais em vigor ou que venham a celebrar-se; como se diz, é mais uma lei do que um contrato. Tem a vantagem de descer a minúcias e, melhor que a lei, adaptar-se às circunstâncias específicas das partes, do momento e do lugar. (CARRION, 2008, p. 470)

A convenção coletiva é um instrumento normativo em nível de categoria, sendo assim, seus efeitos alcançam todos os contratos individuais de trabalho dos empregados das empresas representadas pelos sindicatos convenentes. No que se refere aos regulamentos internos de âmbito empresarial, os tribunais vêm decidindo pela prevalência dos acordos sindicais e sentenças normativas sobre as normas das empresas. Nesse sentido, a Súmula 51 do TST dispõe que as cláusulas regulamentares, que revoguem ou alterem vantagens deferidas anteriormente, só atingirão os trabalhadores admitidos após a revogação ou alteração do regulamento. A súmula retrata a ideia do direito adquirido previsto no art. 5º, XXXV da CF e no art. 468 do texto consolidado (Súmula 51, TST).

O prazo de vigência dos acordos e convenções coletivas de trabalho não poderá exceder dois anos (art. 614, §3º, CLT) e as cláusulas benéficas previstas nos instrumentos não se incorporam mais em definitivo aos contratos individuais de trabalho de todos os empregados abrangidos pelos acordos ou convenções coletivas. A Lei nº 13.467/2017 alterou a redação do §3º do art. 614 da Consolidação das Leis do Trabalho extinguindo a ultratividade da convenção coletiva ou acordo coletivo de trabalho. Esse princípio havia sido assentado por meio da jurisprudência e essa medida se mostra como um contragolpe do legislador ordinário ao Poder Judiciário trabalhista, excluindo a possibilidade de que as cláusulas negociadas vigorem até que novo instrumento seja celebrado.

Mesmo sendo pactuados entre os entes coletivos, existem formalidades intrínsecas aos acordos e convenções coletivas. A solenidade é requisito imprescindível, já que os instrumentos de negociação coletiva instituem regras jurídicas. Nos termos da CLT, os instrumentos devem ser realizados na forma escrita, sem emendas ou rasuras, em número de vias que abranja todos os sindicatos ou empresas convenentes, além do conteúdo mínimo obrigatório (art. 613, CLT).

Dispõe o art. 612 da CLT que os sindicatos só poderão celebrar convenções ou acordos coletivos de trabalho por deliberação de Assembleia Geral especialmente convocada para esse fim, consoante o disposto nos respectivos Estatutos, dependendo a validade da mesma do comparecimento e votação, em primeira convocação, de 2/3 dos associados da entidade, quando se tratar de convenção, e dos interessados, no caso de acordo, e, em segunda, de 1/3 dos membros ou interessados. O *quorum* de comparecimento e votação será de 1/8 dos associados em segunda convocação, nas entidades sindicais que tenham mais de cinco mil associados.

Quanto à vigência dos diplomas autônomos trabalhistas, a CLT confere o prazo de três dias após o depósito administrativo no órgão correspondente. Mesmo sendo obrigatório o depósito administrativo do diploma autônomo, ele preserva seu aspecto de documento comum às partes. Assim, sua prova em juízo pode se dar por simples fotocópia (DELGADO, 2004, p. 1386).

### 5.4.4 Limites da negociação coletiva

A Constituição Federal de 1988 prevê, em seu art. 7º, os chamados direitos sociais, aos quais fazem jus os trabalhadores urbanos e rurais. Em contrapartida, a própria Constituição autoriza, via negociação coletiva, a redução ou limitação de alguns desses direitos. A flexibilização diminui a rigidez legal e consagra o princípio da autonomia privada coletiva, que vem a ser um princípio que assegura aos grupos sociais, empregados e empregadores, o direito de elaborar normas jurídicas aplicáveis às peculiaridades de determinados contratos de trabalho.

Contudo, a matéria ainda é bastante controversa em nosso ordenamento, pois coloca frente a frente o princípio da proteção e o princípio da autonomia privada coletiva, ambos fundamentais no panorama trabalhista. O TST, órgão uniformizador da jurisprudência laboral, nunca teve entendimento pacífico sobre a matéria, e diante disso, por vezes nos deparamos com uma jurisprudência trabalhista oscilante, que ora faz prevalecer o negociado, ora extingue cláusula de acordo ou convenção coletiva que adota parâmetros diversos dos legais para disciplinar as condições de trabalho.

Cada vez mais as decisões do Colendo Tribunal Superior do Trabalho já vinham reconhecendo a autonomia privada no âmbito do Direito Coletivo do Trabalho nos termos do art. 7º, XXVI da Constituição Federal. É o caso do trabalho noturno, que mediante negociação coletiva admite a hora noturna de sessenta minutos desde que o adicional noturno seja elevado em 40% conforme se extrai do aresto do TST:

> RECURSO DE REVISTA. REGIME 12X36. HORA NOTURNA DE SESSENTA MINUTOS. ADICIONAL NOTURNO DE 40%. NORMA COLETIVA. VALIDADE.
>
> 1. Na hipótese, o Colegiado de origem registrou que 'As Convenções Coletivas de Trabalho anexadas aos autos fixam o adicional noturno em 40% sobre o valor da hora normal e a hora noturna em 60 minutos'. Não obstante, concluiu ser 'devida a incidência da hora noturna reduzida e as horas extras daí decorrentes', ao registro de que 'o âmbito de disponibilidade de direitos trabalhistas não é ilimitado. Assim, normas como as que guarnecem a saúde, segurança e higiene do trabalhador, destacando-se aquelas sobre a jornada de trabalho, não podem ser totalmente flexibilizadas'.
>
> 2. Esta Corte, com fundamento no art. 7º, XXVI, da Constituição Federal, tem considerado válida a negociação coletiva que elastece a hora noturna para 60 (sessenta) minutos, promovendo, em

contrapartida, a majoração do percentual legalmente previsto para o pagamento do adicional noturno. 3. Decisão regional em desarmonia com a jurisprudência assente nesta Corte Superior. Precedentes. Recurso de revista conhecido e provido, no tema. REGIME 12X36. ADICIONAL NOTURNO. PRORROGAÇÃO EM HORÁRIO DIURNO. 1. O Tribunal de origem registrou que, 'no que se refere ao adicional noturno, conquanto haja previsão do seu pagamento nas Convenções Coletivas da categoria no período compreendido entre às 22:00 e às 05:00, é pacífico no E. TST que o adicional incidirá também sobre as horas excedentes cumpridas a partir das 05:00h. (...) Dessa forma, tendo havido labor no período noturno, estendendo-se a jornada para além das 05:00h, consoante se infere dos cartões de ponto, é aplicável à espécie a previsão da Súmula 60, II, do TST'. 2. O adicional noturno previsto em norma coletiva, no percentual de 40%, relativo às horas trabalhadas no período compreendido entre as 22h e as 05h, também é devido quanto às horas prorrogadas, nos moldes do item II da Súmula 60 do TST ('Cumprida integralmente a jornada no período noturno e prorrogada esta, devido é também o adicional quanto às horas prorrogada'), inclusive nas hipóteses em que submetidos os empregados ao regime 12x36, a teor da OJ 388/SDI-I/TST ('O empregado submetido à jornada de 12 horas de trabalho por 36 de descanso, que compreenda a totalidade do período noturno, tem direito ao adicional noturno, relativo às horas trabalhadas após as 5 da manhã'). Precedentes. Recurso de revista não conhecido, no tema. REGIME 12X36. NORMA COLETIVA. FERIADOS TRABALHADOS. REMUNERAÇÃO EM DOBRO. 1. O e. TRT consignou que 'a escala de 12x36 horas abrange o repouso semanal remunerado (incluindo o domingo), mas (...) no tocante aos feriados' devem 'ser pagos em dobro, sendo incabível a supressão por instrumento coletivo de trabalho'. 2. Esta Corte Superior, em função dos debates realizados durante a 2ª Semana o TST, alterou sua jurisprudência, sufragando o entendimento de que os empregados que trabalham em regime 12x36, fixado em norma coletiva, fazem jus à dobra salarial pelo trabalho realizado em dias de feriados. Nesse sentido é a jurisprudência cristalizada na Súmula 444/ TST 'É válida, em caráter excepcional, a jornada de doze horas de trabalho por trinta e seis de descanso, prevista em lei ou ajustada exclusivamente mediante acordo coletivo de trabalho ou convenção coletiva de trabalho, assegurada a remuneração em dobro dos feriados trabalhados. O empregado não tem direito ao pagamento de adicional referente ao labor prestado na décima primeira e décima segunda horas'. Precedente.

> 3 . Incidência do art. 896, § 4º, da CLT e aplicação da Súmula 333/ TST. Recurso de revista não conhecido, no tema. (Tribunal Superior do Trabalho. Recurso de Revista: 253008920105170009. 1ª Turma, Relator: Ministro Hugo Carlos Scheuermann – *DEJT* 20/02/2015).

No entanto, o mesmo Tribunal rejeitava a proposta de supremacia da negociação coletiva em alguns casos, principalmente visando limitar as negociações que não estavam em consonância com a razoabilidade e a proporcionalidade.

A reforma trabalhista impactou profundamente as convenções e os acordos coletivos de trabalho. Apesar de não ser um entendimento unânime, há limitações constitucionais ao poder de negociar que foram expressamente dispostas na legislação. A redação do artigo 611-B da CLT é um exemplo de limitação ao direito de negociar, já que o dispositivo assinalou expressamente a ilicitude de cláusulas negociadas que suprimam ou reduzam os direitos arrolados nos seus trinta incisos.

Muitos direitos trabalhistas estão dispostos na Constituição Federal, mais precisamente em seu artigo 7º com suas trinta e quatro garantias dos trabalhadores urbanos e rurais. Uma análise simples do artigo 611-B, aponta que o legislador ordinário se preocupou com a possível inconstitucionalidade das negociações coletivas no pós-reforma trabalhista baseadas no art. 611-A da CLT, de modo que fez constar, taxativamente, que existem direitos considerados indisponíveis por meio de negociação coletiva.

Diante do novo quadro definidor dos limites e parâmetros da negociação coletiva, caberá à Justiça do Trabalho e principalmente ao TST, como intérprete máximo da legislação trabalhista, definir e moldar os limites da negociação coletiva já que a prevalência do negociado sobre o legislado está longe de ser considerado regra absoluta. Considerando o protecionismo exacerbado do nosso ordenamento, espera-se que não seja levado a ferro e fogo também nessa interpretação, visto que pode acabar criando o que já se denominou de "protecionismo às avessas", que protege tanto o trabalhador brasileiro que gera empregos na China[46].

Ao tratarmos do conflito entre os princípios da proteção e o da autonomia privada coletiva, parece que a solução está na ponderação dos

[46] MARTINS FILHO, Ives Gandra da Silva. Valorização da negociação coletiva e flexibilização das normas legais trabalhistas. *Revista jurídica*. Disponível em: www.planalto.gov.br/ccivil_03/revista/rev_79/artigos/PDF/Ives_Rev79.pdf. Acesso em: 18 set. 2015.

interesses colocados em discussão, visto que o princípio da proporcionalidade se pauta num sistema de valoração, na medida em que para se garantir um direito, às vezes é preciso restringir outro. Com base nisso, após concluir que o Judiciário Trabalhista por vezes já permitia a preponderância do negociado sobre o legislado antes da Reforma Trabalhista nos casos que não ocasionavam prejuízo aos trabalhadores e que não se discutia questões de saúde e segurança, temos que a autonomia individual do empregado também restava protegida, principalmente no que se referia à dignidade do empregado.

Assim, a autonomia privada coletiva por si só não acarreta a exclusão das normas que tutelam a dignidade do empregado. Por outro lado, a autonomia privada busca adaptar as normas legais mediante negociação coletiva adequando-as a uma nova realidade social, firmando-se, assim numa maneira viável de introduzir mudanças na ordem jurídica trabalhista e fazendo com que haja convivência entre as leis básicas de proteção ao empregado e os acordos e os instrumentos de negociação coletiva.

Ao fazer referência à autonomia privada nas negociações coletivas, não podemos nos esquecer de mencionar o poder potestativo do empregador, que é um ser coletivo por natureza. Assim, faz-se necessário avaliar um instituto que vinha causando bastante polêmica na seara trabalhista: a dispensa coletiva. Será que era razoável ver o Judiciário Trabalhista interferindo diretamente nas ações empresariais? A missão de resolver essa indagação não parece das mais fáceis, até porque a questão sempre foi cercada de interesses que extrapolam os limites legais.

A fim de exemplificar o conflito gerado em torno da dispensa coletiva, é imprescindível ressaltar o caso ocorrido em 2009 quando se discutia a demissão de cerca de 4.200 trabalhadores pela Empresa Brasileira de Aeronáutica S/A (Embraer) e pela Eleb Equipamentos Ltda. Ao julgar recurso ordinário no dissídio coletivo interposto pelo Sindicato dos Metalúrgicos de São José dos Campos e Região contra as empresas, a Seção Especializada em Dissídios Coletivos do TST entendeu que a dispensa coletiva, diferentemente da individual, exigiria a aplicação de normas específicas.

A decisão se fundamentou no sentido de que no âmbito de Direito Coletivo do Trabalho, esse tipo de dispensa não constitui poder potestativo do empregador, exigindo, portanto, a participação do sindicato dos trabalhadores, a fim de representar e defender os interesses dos trabalhadores. Se a negociação se mostrasse inviável, caberia ainda a instauração de dissídio coletivo.

No recurso ao STF, a Embraer e a Eleb Equipamentos Ltda. alegaram que a decisão violou diversos dispositivos constitucionais e que o TST, ao criar condições para a dispensa em massa, estaria atribuindo ao poder normativo da Justiça do Trabalho tarefa que a Constituição reserva à lei complementar, invadindo assim a esfera da competência do Poder Legislativo. As empresas afirmaram que sua sobrevivência estaria ameaçada pela interferência indevida no seu poder de gestão, aspecto que viola o princípio da livre iniciativa.

Como o TST indeferiu a remessa do Recurso Extraordinário (RE) ao STF, as empresas interpuseram agravo, provido pelo relator, ministro Marco Aurélio, para dar prosseguimento ao RE. Ao submeter o processo ao Plenário Virtual do STF para verificar a ocorrência de repercussão geral no caso, o ministro Marco Aurélio observou estar-se diante de situação jurídica "capaz de repetir-se em um sem número de casos". Para ele, era evidente o envolvimento de tema de índole maior, constitucional[47].

Em contrapartida, o Tribunal Regional do Trabalho de Minas Gerais (TRT-MG) admitiu a possibilidade de demissão em massa sem prévia negociação com o sindicato de trabalhadores. O julgado consolidou um novo entendimento no TRT mineiro, que em geral reconhecia essa necessidade. A decisão também foi manifestamente contrária à jurisprudência predominante no Tribunal Superior do Trabalho.

O caso no Tribunal Regional do Trabalho da 3ª Região se refere a um ex-bancário do Santander, que alegava ter sido demitido, em dezembro de 2012, juntamente com cerca de mil empregados, sem prévia negociação coletiva com o sindicato da categoria e que por isso requereu a declaração de nulidade da dispensa e sua reintegração ao emprego.

O pedido foi reconhecido em primeira instância. Para a juíza, a demissão em massa não pode ter efeito sem a prévia negociação sindical. Em sua decisão, a juíza utilizou-se do entendimento adotado na Seção de Dissídios

---

[47] SUPREMO TRIBUNAL FEDERAL. *Necessidade de negociação para demissão em massa tem repercussão geral reconhecida*. Disponível em: www.stf.jus.br/portal/cms/verNoticiaDetalhe.asp?idConteudo=234798. Acesso em: 19 set. 2015.

Coletivos do TST de que a negociação coletiva é imprescindível para a dispensa em massa de trabalhadores.

Todavia, a Turma Recursal de Juiz de Fora, surpreendentemente modificou a decisão. No entendimento da turma, não havia qualquer restrição na lei ou condição à dispensa "em massa" por iniciativa do empregador e, por isso, não caberia ao julgador fazê-la. Segundo o voto do desembargador Luiz Antônio de Paula Iennaco, relator do recurso, essa condição "viola o princípio da legalidade e ultrapassa os limites legais". O desembargador acrescenta que há normas coletivas que preveem restrições para a dispensa em massa. Mas que, no caso concreto, não existiam[48].

Nesse sentido, a dispensa coletiva recebeu tratamento diverso do usualmente praticado pelo Judiciário na Reforma Trabalhista de 2017, pela inclusão do art. 477-A da CLT, que assim estabeleceu:

> As dispensas imotivadas individuais, plúrimas ou coletivas equiparam-se para todos os fins, não havendo necessidade de autorização prévia de entidade sindical ou de celebração de convenção coletiva ou acordo coletivo de trabalho para sua efetivação.

Como visto, a nova disposição celetista dispensa a prévia autorização da entidade sindical, contudo, não obsta a negociação com o sindicato a fim de buscar a melhor forma de realizar a demissão em massa. A norma instituída vai de encontro ao posicionamento jurisprudencial pacificado pelo Tribunal Superior do Trabalho, além de colidir com as normas internacionais da OIT e desrespeitar a própria Constituição Federal de 1988. Nesse sentido, Delgado e Neves Delgado entendem que:

> Todas essas várias normas constitucionais (princípios e regras da Constituição de 1988) continuam em plena vigência no País, embora, a partir da vigência da Lei n. 13.467/2017, mostrem-se claramente desrespeitadas pelo afastamento do ser coletivo obreiro da dinâmica das dispensas massivas deflagradas pelo empregador em sua empresa ou em estabelecimentos dela componentes. (DELGADO; DELGADO, 2017, p. 181)

[48] Relações do trabalho. No Valor Econômico: *TRT de Minas admite demissão em massa sem negociação com sindicato*. Disponível em: http://www.relacoesdotrabalho.com.br/profiles/blogs/no-valor-economico-trt-de-minas-admite-demissao-em-massa-sem--nego. Acesso em: 19 set. 2015.

O assunto é muito complexo, já que demanda confrontação de princípios fundamentais. A livre iniciativa e a dignidade da pessoa humana relativa ao trabalhador norteiam a matéria. A dispensa coletiva não se funda em parâmetros que levam em conta a pessoalidade ou a individualidade, mas em critérios que por vezes podem gerar a discriminação arbitrária. A causa da dispensa é imputada a todos, e não se vincula ao comportamento de nenhum deles, mas a uma necessidade da empresa. Nesse sentido, imperioso retratar as palavras do Professor Fábio Rodrigues Gomes:

> Basta lembrarmos o famoso imperativo categórico kantiano, que dispõe ser o homem um fim em si mesmo, não devendo servir de meio para os fins alheios. Ora, o que Kant formulou há quase dois séculos permanece extremamente atual para os trabalhadores brasileiros sujeitos à dispensa coletiva: todos continuam sob o risco iminente de 'coisificação'. A velha espada de Dâmocles continua pendendo sobre as suas cabeças. Ora, ao serem descartados coletivamente, isto é, em grupo, sequer os seus rostos serão vistos e os seus nomes lembrados, tornando-se, ao fim e ao cabo, mais um número na tabela de custos do empreendedor. (GOMES, 2013, p. 252)

Em suma, pode-se dizer que na dispensa coletiva, os direitos fundamentais dos trabalhadores não podem ser represados, ou seja, não pode haver arbitrariedade na conduta empresarial. Os trabalhadores deveriam ser tratados com pessoalidade, mesmo que dispensados coletivamente. Deve haver critérios objetivos que fundamentem a dispensa, pois pensar de outra forma é "coisificar" o ser humano e consequentemente a qualidade de seu trabalho. De tal modo, parece razoável que a negociação prévia entre empresa e sindicato seja obrigatória, até porque, "democracia é participação, e a participação no processo opera-se pela efetivação da garantia do contraditório" (GOMES, 2013, p. 254-255).

### 5.4.5 Negociação coletiva sem representatividade sindical

Será que podemos dar credibilidade à negociação coletiva quando nos pautamos num sistema sindical que carece de representatividade efetiva? Antes de adentrarmos nessa indagação se faz necessário distinguir de forma sucinta a representatividade da representação sindical. A representatividade compreende a capacidade ou aptidão que as entidades sindicais possuem para transmitir a vontade da maioria dos trabalhadores ou empregadores em defesa dos direitos ou interesses, inclusive daqueles que não são sindicalizados. A representatividade sindical tem contornos práticos, visto que se trata de um critério que tem por finalidade valorar a intensidade de atuação de uma organização sindical para representar e defender os interesses de seus membros.

Em contrapartida, diferente da representatividade que é subjetiva, a representação é um fenômeno jurídico que decorre da lei. Considerando o ordenamento jurídico brasileiro, cabe ressaltar como exemplo a representação associativa, que é manifestada no momento da filiação; a negocial, que é proclamada na celebração das negociações coletivas de trabalho; a judicial, que é desempenhada nos dissídios coletivos e individuais de trabalho; e ainda a representação nos colegiados de órgãos públicos, como o Conselho Curador do Fundo de Garantia do Tempo de Serviço.

Amauri Mascaro Nascimento entende que a representação se divide em dois níveis, o coletivo e o individual, conforme se extrai de suas palavras:

> No plano coletivo, o sindicato representa os grupos nas suas relações com outros órgãos, sendo essa a sua natural atribuição. Assim, quer perante o Estado, quer perante os empregadores ou outros órgãos, cabe ao sindicato ser o intérprete do pensamento do grupo à frente do qual se põe e cujas reivindicações e posições interpretará também no plano individual a entidade cumpre funções representativas, com maiores ou menores limitações em cada sistema jurídico, praticando atos homologatórios de rescisões contratuais. (NASCIMENTO, 1991, p. 121)

Como visto, as negociações coletivas têm lugar de destaque nas atribuições que vinculam a representação dos sindicatos, contudo, o que se discute é a falta de representatividade fática que as entidades tanto necessitam. Os sindicatos brasileiros representam aqueles que a lei ordena e isso não parece ser muito democrático, já que as entidades sindicais muitas vezes se apresentam como legais, mas não como legítimas.

A legitimidade da representação sindical não deve ser considerada apenas como um critério, mas como um pressuposto, sem o qual, qualquer procedimento representativo perde o sentido. O sindicato para ser representativo deve estar comprometido essencialmente com o grupo de trabalhadores ou empregadores representados e isso não acontece em nosso ordenamento, até porque grande maioria dos representados se mostra indiferente à sua condição sindical devido à crise que aflige o sistema.

O processo de redemocratização do Estado brasileiro se concretizou na Constituição de 1988, que entre os seus fundamentos, elucida que todo o poder emana do povo. No Direito Coletivo do Trabalho, o poder do trabalhador pode ser exercido por meio da negociação coletiva, uma importante fonte do Direito do Trabalho. Em tese, os trabalhadores, reunidos e organizados na forma do sindicato, defendem seus direitos coletivos, buscando melhores condições de trabalho para toda a classe.

Mas não basta representar, tem que ser representativo. Não dá mais para aceitar entidades sindicais pouco representativas ou carentes de representatividade. Nosso país convive com negociações coletivas viciadas, isso porque não há como considerar que os trabalhadores são efetivamente representados no ato de formatação dos instrumentos coletivos. Infelizmente, na maioria das vezes as negociações coletivas só atendem aos interesses particulares dos dirigentes sindicais. Na realidade, a negociação coletiva tem se tornado uma mera formalidade, já que encontrar representatividade efetiva dentro de um sindicato se tornou raro. Os sindicatos cumprem seu papel designado pela lei, mas não existe atuação efetiva nem tampouco representatividade.

Portanto, ainda não há como priorizar as negociações coletivas e tratá-las como instrumentos democráticos oriundos da autonomia privada coletiva, haja vista que ainda carecem de legitimidade fática e por isso devem ser abordadas com cautela. Considerar as negociações coletivas como algo absoluto é presumir que todos os sindicatos brasileiros têm condições e capacidade de negociar, que são fortes e independentes dos interesses econômicos e políticos, o que não corresponde à realidade prática dos dias atuais. Como grande obstáculo à plena autonomia privada sindical, surge a falta de representatividade das entidades sindicais, difundida, sobretudo na unicidade sindical, e na não ratificação da Convenção 87 da OIT, que podem evidenciar a falta de interesse dos representados na dinâmica sindical brasileira.

# 6
# CONSIDERAÇÕES FINAIS

A origem do sindicalismo vem de um processo histórico que sempre primou pela valorização do homem enquanto pessoa e de seus direitos inerentes à personalidade, ou seja, os direitos fundamentais dos trabalhadores. O início do sindicalismo está ligado ao fenômeno de industrialização da Europa iniciado no século XVIII, quando se materializava a união dos trabalhadores em busca de melhores condições de trabalho. O movimento sindical foi primeiramente reprimido, em seguida houve um período de tolerância para então ser finalmente reconhecido e disseminado em todo o mundo.

No Brasil, por razões óbvias, o Direito do Trabalho só começou a ser relevante após a Abolição da Escravatura. Foi no constitucionalismo social iniciado nos primeiros anos de 1900 que os sindicatos alcançaram o nível constitucional. O constitucionalismo social foi instituído de forma compulsiva porque visava controle, no entanto, foi responsável por conceder diversos direitos sociais a partir de 1934. O governo de Getúlio Vargas é um marco no que se refere ao constitucionalismo social, mas traz consigo o corporativismo estatal inspirado no modelo italiano da época. De tal modo, o sindicalismo brasileiro não nasceu espontaneamente sob a égide de lutas ou reivindicações como nos países da Europa, ele surgiu no Brasil vinculado ao poder.

O fato de o sindicalismo brasileiro ter essência corporativista não é por si só o maior obstáculo enfrentado, visto que naquela época a intervenção era até plausível se considerada sob o aspecto que visava fortalecer as entidades recém-criadas. O que não se pode admitir é que estes preceitos intervencionistas, inspirados em uma realidade bem distante, ainda orientem nosso sindicalismo até os dias de hoje.

O modelo sindical brasileiro passa por uma crise de representatividade, o que nos remete à necessidade de mudanças na estrutura das relações coletivas de trabalho. A crise é evidente, haja vista que os sindicatos, que são autorizados a atuar além de seu quadro associativo, convivem com o declínio da filiação sindical e a fragmentação das entidades existentes. O sistema sindical brasileiro precisa ser reformado, já que os próprios trabalhadores não se sentem mais amparados por seus sindicatos, pelo contrário, não veem mais a instituição com bons olhos, já que a grande maioria das entidades sindicais só existe para arrecadar o dinheiro das contribuições.

O processo de redemocratização do Estado brasileiro se concretizou na Constituição de 1988, que entre seus fundamentos, elucida que todo o poder emana do povo. No Direito Coletivo do Trabalho, o poder do trabalhador pode ser exercido por meio da negociação coletiva, uma importante fonte do Direito do Trabalho. Contudo, não basta ao sindicato representar, ele deve ser representativo. Sendo assim, ainda não há como priorizar as negociações coletivas e tratá-las como instrumentos democráticos oriundos da autonomia privada coletiva, haja vista que ainda necessitam de legitimidade fática e por isso devem ser analisadas com cautela. Considerar as negociações coletivas como algo absoluto é presumir que todos os sindicatos brasileiros têm condições e capacidade de negociar, que são fortes e independentes dos interesses econômicos e políticos, o que não corresponde à realidade prática dos dias atuais.

Pode-se dizer que a organização sindical brasileira não atende aos anseios da democracia, especialmente em razão da prevalência da unicidade sindical, que restringe o livre exercício da ação sindical aos trabalhadores e aos empregadores. Verifica-se a existência de um monopólio sindical, em que os sindicatos são controlados por alguns grupos, impedindo a formação de outros sindicatos capazes de defender e representar os interesses da classe. O monopólio impede que a representação seja efetiva, já que na maioria das vezes, as entidades sindicais aproveitam-se dessa situação para obter vantagens particulares ou eleitoreiras, totalmente alheias à sua verdadeira finalidade.

Quanto ao financiamento das entidades sindicais, a contribuição sindical compulsória, que já não era mais aceitável, se tornou facultativa.

O instituto violava diretamente o princípio da liberdade sindical, além de ser o principal responsável pelo enfraquecimento dos sindicatos ao longo dos anos, já que a arrecadação era garantida independentemente da intensidade da atuação do sindicato. Não há mais espaço para contribuições impostas por lei ou que abranjam membros não sindicalizados. Com o fim da obrigatoriedade da contribuição sindical, deu-se um passo significativo rumo a legitimar as entidades sindicais brasileiras, contudo, nos deparamos com lamentação e revolta da classe sindical que se acostumou tanto com as receitas milionárias arrecadadas sem qualquer esforço que agora vivem o terror de ter que prestar um serviço de qualidade com vistas a buscar sua receita ordinária.

A unicidade sindical e a contribuição sindical compulsória são os principais responsáveis pela acomodação na luta pelos interesses das categorias ao longo dos últimos anos, já que impedem a concorrência entre entes sindicais no mesmo território enquanto garantiam cifras milionárias aos cofres dos sindicatos formalmente representantes da categoria sem que eles tivessem que demonstrar resultados efetivos para continuar a receber valores dos representados.

O modelo sindical brasileiro necessita ser aperfeiçoado a fim de se tornar legítimo e representativo. O sindicato se mostra de fundamental importância no enfrentamento das transformações que ocorrem no mundo do trabalho, assim, cabe destacar que não compete ao Estado, absolutamente, interferir na forma de administração das entidades sindicais, mas novas medidas poderiam ser concretizadas a fim de moralizar e fiscalizar as receitas arrecadadas pelos sindicatos, afinal, trata-se de dinheiro público livremente administrado por particulares. O Estado poderia intervir por meio de legislação impondo a verificação, ou ainda, implantar definitivamente a tão exaltada liberdade sindical, sujeitando o sindicato a angariar seus filiados.

A avaliação criteriosa do modelo sindical brasileiro conduz à conclusão que as entidades sindicais devem se desligar o quanto antes do Estado. Não deve haver registro no órgão do governo ou qualquer outro tipo de submissão. O Brasil não deve apenas participar das assembleias, mas seguir as regras da Convenção 87 da OIT. As entidades sindicais têm que ser essencialmente privadas, autônomas, e se sustentarem à custa dos recursos proporcionados exclusivamente pelos seus associados. O Brasil precisa adotar a pluralidade sindical e acabar com sindicatos de fachada e com a podridão que devasta sua grande maioria.

De tal modo, conclui-se também que a criação de entidades sindicais deve ser simplificada e não deve ter mais interferência estatal. No que diz respeito à ideia de enquadramento sindical, esse deve ser extinto e as categorias instituídas de acordo com as necessidades dos trabalhadores, respeitando-se a forma mais democrática. A representação deve ser realizada por empresas, estabelecimentos, cidades, categorias, enfim, como melhor atender às necessidades dos representados. O sistema para auferir a representatividade deve ser dinâmico e eficiente, já que por meio de eleições democráticas pode-se medir a vontade da maioria desencadeando uma representação mais expressiva.

Não há mais espaço para contribuições instituídas pela lei, dessa forma, as contribuições devem ser assumidas exclusivamente pelos associados e, aos não associados, deve ser interposta a cobrança da cota de participação ou cota de solidariedade, pois parece razoável que os beneficiados pela negociação coletiva contribuam de alguma maneira com o sindicato.

As intervenções legislativas poderiam se dar no âmbito constitucional, sobretudo por meio de emendas à Constituição, principalmente no que se refere à ratificação da Convenção 87 da OIT que, se adentrar no ordenamento jurídico pelo permissivo do parágrafo terceiro do art. 5º da Constituição, terá valoração supralegal por se tratar de um tratado internacional de direitos humanos. Considerando o possível conflito entre normas constitucionais, os institutos devem ser harmonizados para fins da plena efetivação da liberdade sindical no Brasil.

No presente estudo ficou estabelecido que o sistema sindical precisa ser efetivamente representativo. Neste sentido, foram demonstradas as bases corporativistas que ainda norteiam o sindicalismo pátrio impedindo seu desenvolvimento. Quanto ao sindicalismo praticado em outros países e em outros períodos históricos, também restou evidenciado que o modelo sindical brasileiro ainda discute temas que já estão superados na ordem internacional.

Demonstrou-se também os principais aspectos que envolvem o sindicato no Brasil, visto que o funcionamento sindical foi abordado de forma concisa e atual. Por fim, a liberdade sindical se mostrou o princípio orientador do presente estudo, pois serviu de norte em todos os assuntos tratados, já que a representatividade, que é objeto deste trabalho, só se estabelece nos termos da liberdade sindical plena.

O presente trabalho apresentou diversos temas relacionados ao Direito Sindical, entretanto, para cada um destes temas caberia uma dissertação apartada, mas pretendeu-se fazer um apanhado geral sobre o assunto tecendo algumas críticas pontuais aos institutos mais controversos. A análise do funcionamento dos sindicatos como um todo se mostrou bastante salutar, haja vista que o trabalho, ao mesmo tempo em que se propõe a informar e esclarecer, também adverte sobre os problemas e possíveis intervenções a serem realizadas no modelo sindical brasileiro.

Diante das pesquisas apresentadas, pode-se concluir que os sindicatos estão se transformando em antros de corrupção, em esquemas que desviam os recursos dos trabalhadores para os cada vez mais poderosos sindicalistas. Na reportagem veiculada pelo programa *Fantástico*, podemos ter a ideia do que acontece de forma geral nos sindicatos brasileiros. Os dirigentes sindicais agem como se fossem os donos dos sindicatos e se utilizam do dinheiro arrecadado para ganhar poder e fazer verdadeiras fortunas.

Não dá mais para conviver com o modelo sindical brasileiro. Assim, sua reforma se mostra uma medida de extrema urgência. Após a retomada do sindicalismo nos anos 1980 houve um período significativo em que os dirigentes ainda agiam buscando o bem-estar de seus representados. Naquele período, os sindicatos dispunham de dentistas, médicos, festas para os trabalhadores, brinquedos no dia das crianças, enfim, a verba arrecadada era repassada ao trabalhador de alguma maneira. Todavia, o tempo mostrou que o sindicalismo nesses moldes era viável financeiramente, e assim, muitos quiseram se tornar dirigentes a fim de contar com as verbas obtidas dos trabalhadores. Os sindicatos foram perdendo força até se tornarem o que são nos dias de hoje.

O sindicato deve se libertar do Estado e consequentemente dos oportunistas que veem na instituição uma forma de enriquecimento fácil. A simples supressão da contribuição sindical vai dizimar grande parte dos sindicatos do nosso país, já que para se manterem, eles terão de ser efetivamente representativos a fim de conseguir associados comprometidos.

O sindicato deve ser independente do Estado, independente da igreja, independente de partidos políticos, enfim, ele deve ter sua autonomia. O grande câncer do sindicalismo brasileiro foi a contribuição sindical compulsória, haja vista que esse imposto só tinha uma razão de existir: dar sustentação financeira para dirigentes sindicais que não têm nenhuma legitimidade ou representatividade. Este é o motivo pelo qual o Brasil contempla mais de dez mil sindicatos, sendo que parte esmagadora dessas entidades não serve para absolutamente nada. O Brasil nunca se preocupou em ter sindicato forte, infelizmente a legislação generosa subverteu o sistema.

Privilegiar as negociações coletivas em detrimento da lei se mostra irracional sem que antes tenhamos um sindicato forte e representativo. A reforma sindical é urgente, mais que a trabalhista ou a previdenciária. Quase todos os sindicatos são pelegos em nosso país e não servem para nada. Uma Reforma Trabalhista que privilegia o negociado em detrimento do legislado não se sustenta, já que teremos um grande prédio sobre uma estrutura apodrecida. Nosso sistema é falho, a representação é falha, pois os sindicatos estão mais próximos das empresas do que dos empregados. Nosso modelo sindical atual é vergonhoso, privilegia a agenda política e econômica quando deveria se preocupar com os direitos dos trabalhadores.

A organização sindical brasileira deve ser revista, já que não há mais lugar para a unicidade no cenário nacional. O trabalhador deve ter o poder de escolher quem deve representá-lo nas negociações. O sindicalizado não se sente representado e o sindicato ganhou mais poder, poder de negociar para trabalhadores que não confiam no seu trabalho, mas isso é imposto pela lei.

# REFERÊNCIAS


AROUCA, José Carlos. *O sindicato em mundo globalizado*. São Paulo: LTr, 2003.

BARROS, Alice Monteiro de. *Curso de Direito do Trabalho*. 5. ed. São Paulo: LTr, 2009.

BATALHA, Wilson de Souza Campos; BATALHA, Silva Marina Labate. *Sindicatos – Sindicalismo*. 2. ed. São Paulo: LTr, 1994.

BELMONTE, Alexandre Agra. Mútuo consentimento como condição da ação no dissídio coletivo. *Revista LTr*, São Paulo, v. 71, n. 06, p. 681-684, jan. 2007.

BRASIL. Decreto nº 5.452, de 1º de maio de 1943. *Aprova a Consolidação das Leis do Trabalho*. Disponível em: http://www.planalto.gov.br/ccivil_03/decreto-lei/del5452.htm. Acesso em: 19 nov. 2014.

BRITO FILHO, José Cláudio Monteiro de. *Direito Sindical*. São Paulo: LTr, 2000.

CANOTILHO José Joaquim Gomes. *Direito Constitucional e teoria da Constituição*. 2. ed. Coimbra: Almedina, 1998.

CARRION, Valentin. *Comentários à Consolidação das Leis do Trabalho*. 33. ed. São Paulo: Saraiva, 2008.

CESARINO JÚNIOR, Antônio Ferreira. *Direito Social*. São Paulo: LTr, 1980.

CHIARELLI, Carlos Alberto. *O trabalho e o sindicato*. São Paulo: LTr, 2005.

DELGADO, Maurício Godinho. *Curso de Direito do Trabalho*. 3. ed. São Paulo: LTr, 2004.

DELGADO, Maurício Godinho. *Direito Coletivo do Trabalho*. 5. ed. São Paulo: LTr, 2011.

FERNANDES, António Monteiro. *Noções fundamentais de direito do trabalho*. Vol. 2. 2. ed. atual. e aument. (reimpr.) Coimbra: Almendina, 1985.

GALANTINO, Luisa. *Diritto sindicale*. 14. ed. Torino: Giapichelli Editore, 2006.

GARCIA NETO, Paulo Macedo. *A influência do realismo jurídico norte-americano no Direito Constitucional brasileiro*. 2008. Dissertação (Mestrado em Direito) – Faculdade de Direito da Universidade de São Paulo, São Paulo.

GEMIGNANI, Tereza Aparecida Asta. Autonomia privada coletiva e intervenção estatal. *Revista do Tribunal Regional do Trabalho da 15ª Região*, n. 12, p. 34, 2000.

GIUGNI, Gino. *Direito Sindical*. Tradução de Eiko Lúcia Itioka. São Paulo: LTr, 1991.

GODOY, Arnaldo Sampaio de Moraes. *Direito nos Estados Unidos*. Barueri: Manole, 2004.

GÖETTERT, J. D. *Introdução à história do movimento sindical*. SINTEP: Cuiabá, 2001.

GOMES, Fábio Rodrigues. *Direitos fundamentais dos trabalhadores*: critérios de identificação e aplicação prática. São Paulo: LTr, 2013.

GOMES, Orlando; GOTTSCHALK, Elson. *Curso de Direito do Trabalho*. V. 1. 9. ed. Rio de Janeiro: Forense, 1984.

GOMES, Orlando; GOTTSCHALK, Elson. *Curso de direito do trabalho*. 18. ed. Rio de Janeiro: Forense, 2008.

JUCÁ, Francisco Pedro. *A Constitucionalização dos Direitos dos Trabalhadores e a Hermenêutica nas Normas Infraconstitucionais*. São Paulo: LTr, 1997.

LEITE, Carlos Henrique Bezerra. *A greve do servidor público civil e os direitos humanos*. Disponível em: http://www.planalto.gov.br/ccivil_03/revista/Rev_34/artigos/Art_carlos.htm. Acesso em: 30 maio 2015.

LEITE, Carlos Henrique Bezerra. *Curso de Direito Processual do Trabalho*. 8. ed. São Paulo: LTr, 2010.

LEITE, Carlos Henrique Bezerra. *Curso de Direito Processual do Trabalho*. 10. ed. São Paulo: LTr, 2012.

LEITE, Carlos Henrique Bezerra. *Direito coletivo do Trabalho*. 3. ed. São Paulo: LTr, 1993.

MAGANO, Octavio Bueno. *Convenção coletiva de trabalho*. São Paulo: LTr, 1972.

MANUS, Pedro Paulo Teixeira. *Direito do Trabalho*. 10. ed. São Paulo, Atlas, 2006.

MARTINS FILHO, Ives Gandra da Silva. *Processo Coletivo do Trabalho*. 2. ed. São Paulo: LTr, 1996.

MARTINS FILHO, Ives Gandra da Silva. *Manual esquemático de Direito e Processo do Trabalho*. 11. ed. São Paulo: Saraiva, 2004.

MARTINS, Sergio Pinto. *Contribuições Sindicais*: direito comparado e internacional: contribuições assistencial, confederativa e sindical. 2. ed. São Paulo: Atlas, 1998.

MARTINS, Sergio Pinto. *Contribuições Sindicais*: direito comparado e internacional: contribuições assistencial, confederativa e sindical. 3. ed. São Paulo: Atlas, 2001.

MARTINS, Sergio Pinto. *Direito do Trabalho*. 17. ed. São Paulo: Atlas, 2003.

MARTINS, Sergio Pinto. *Direito do Trabalho*. 22. ed. São Paulo: Atlas, 2006.

MARX, Karl. *A ideologia alemã*. Tradução de Rubens Enderle. São Paulo: Boitempo, 2007.

MORAES FILHO, Evaristo de. *O problema do sindicato único no Brasil*: seus fundamentos sociológicos. 2. ed. São Paulo: Alfa-Omega, 1978.

NAPOLI, Cibele Cotta Cenachi. O financiamento sindical no Brasil. *Jus Navigandi*, Teresina, 2014. Disponível em: http://jus.com.br/artigos/27120. Acesso em: 30 nov. 2014.

NASCIMENTO, Amauri Mascaro. *Direito Sindical*. São Paulo: Saraiva, 1989.

NASCIMENTO, Amauri Mascaro. *Compêndio de Direito Sindical*. 2. ed. São Paulo: LTr, 2000.

NASCIMENTO, Amauri Mascaro. *Compêndio de Direito Sindical*. 3. ed. São Paulo: LTr, 2003.

NASCIMENTO, Amauri Mascaro. *Curso de Direito do Trabalho*. 20. ed. rev. e atual. São Paulo: Saraiva, 2005.

NASCIMENTO, Amauri Mascaro. A questão do dissídio Coletivo de "Comum Acordo". *Revista LTR*, São Paulo, LTR, 2006.

NASCIMENTO, Amauri Mascaro. *Compêndio de Direito Sindical*. 5. ed. São Paulo: LTr, 2008.

NASCIMENTO, Amauri Mascaro. *Curso de Direito do Trabalho*: História e Teoria Geral do Direito do Trabalho: Relações Individuais e Coletivas do Trabalho. 23. ed. rev. e atual. São Paulo: Saraiva, 2008.

NASCIMENTO, Amauri Mascaro. *Compêndio de Direito Sindical*. 6. ed. 2. tiragem. São Paulo, LTr, 2011.

OJEDA AVILÉS, Antônio. *Compendio de derecho sindical*. Madrid: Tecnos, 1998.

OLIVEIRA NETO, Alberto Emiliano de. *Contribuições sindicais*. São Paulo: LTr, 2010.

PASSOS, Edésio; SALVADOR, Luiz. *Fontes de custeio das entidades sindicais*. Da contribuição confederativa e da extinção da contribuição sindical. *LTr, Suplemento Trabalhista*, São Paulo, n. 49, 1993.

PEGO, Rafael Foresti. *Fundamentos do Direito Coletivo do trabalho e o paradigma da estrutura sindical brasileira*. Porto Alegre: Livraria do Advogado, 2012.

PFAFFENSELLER, Michelli. *Teoria dos direitos fundamentais*. Disponível em: http://www.planalto.gov.br/ccivil_03/revista/Rev_85/artigos/Michelii Pfaffenseller_rev85.htm#nota. Acesso em: 17 nov. 2014.

REZEK, José Francisco. *Direito Internacional Público*. 7. ed. São Paulo: Saraiva, 1998.

RODRIGUES, Silvio. *Curso de Direito Civil*: Parte Geral. 25. ed. São Paulo: Saraiva, 2001.

ROMITA, Arion Sayão. *A septuagenária consolidação das leis do trabalho*. Disponível em: http://www.trt1.jus.br/documents/10157/f1210e45-c-175-492a-a5be-c3e57b9a8ecf. Acesso em: 17 nov. 2014

ROMITA, Arion Sayão. *Direito do Trabalho*: temas em aberto. São Paulo: LTR, 1996.

ROMITA, Arion Sayão. *O princípio da proteção em xeque e outros ensaios*. São Paulo: LTr, 2003.

RUSSOMANO, Mozar Victor. *Princípios Gerais de Direito Sindical*. 2. ed. Rio de Janeiro: Forense, 1997.

SADY, João José. *Direito Sindical e Luta de Classes*. São Paulo: Instituto Cultural Roberto Morena, 1985.

SANTOS, Enoque Ribeiro dos. *Direitos humanos na negociação coletiva*: teoria e prática jurisprudencial. São Paulo: LTr, 2004.

SANTOS, Enoque Ribeiro dos. *Fundamentos do Direito Coletivo do Trabalho nos Estados Unidos da América, na União Européia, no Mercosul e a experiência brasileira*. Rio de Janeiro: Lumen Juris, 2005.

SARAIVA, Renato. *Processo do Trabalho*. 7. ed. rev. e atual. Rio de Janeiro: Forense/ Método, 2009.

SARLET, Ingo Wolfgang. *A eficácia dos direitos fundamentais*. 8. ed. Porto Alegre: Livraria do Advogado, 2007.

SCHIAVI, Mauro. *Manual de Direito Processual do Trabalho*. 2. ed. São Paulo: LTr, 2009.

SCHIAVI, Mauro. *Manual de Direito Processual do Trabalho*. 5. ed. São Paulo: LTr, 2012.

SILVA, José Afonso da. *Curso de Direito Constitucional Positivo*. 9. ed. São Paulo: Malheiros, 1994.

SILVA, Walküre Lopes Ribeiro. Autonomia privada, ordem pública e flexibilização do direito do trabalho. *In*: MEDEIROS, Antônio Paulo Cachapuz de (Org.). *O ensino jurídico no limiar do novo século*. Faculdade de Direito da PUCRS. Porto Alegre: Edipucrs, 1997.

SUSSEKIND, Arnaldo. *Convenções da OIT*. São Paulo: LTR, 1994.

SUSSEKIND, Arnaldo. *Direito Constitucional do Trabalho*. Rio de Janeiro: Renovar, 1999.

SUSSEKIND, Arnaldo. *Curso de Direito do Trabalho*. Rio de Janeiro: Renovar, 2002.

SUSSEKIND, Arnaldo. *Curso de Direito do Trabalho*. 3. ed. Rio de Janeiro: Renovar, 2010.

VIANNA, Segadas. *Direito Coletivo do Trabalho*. São Paulo: LTR, 1972.

VIANNA, Segadas; SUSSEKIND, Arnaldo Lopes; MARANHÃO, Délio. *Instituições de Direito do Trabalho*. São Paulo: LTr, 1993.